MIROIR POLITIQUE

DE LA FRANCE.

Imprimerie de WITTERSHEIM, 8, rue Montmorency.

MIROIR POLITIQUE

DE

LA FRANCE,

PAR M. SINGER,

EX-NÉGOCIANT MANUFACTURIER.

La France est à son apogée de liberté; si on voulait aller au-delà, on la mettrait sur l'enclume de la terreur et sous le marteau du despotisme (ch. 1er, p. 16).

La grandeur et la décadence de la France résident dans l'éducation politique électorale (ch. IX, p. 67).

DEUXIÈME ÉDITION.

PARIS.

CHEZ RAYMOND-BOCQUET, PLACE DE LA BOURSE, 13;

ET CHEZ G.-A. DENTU, LIBRAIRE, PALAIS-ROYAL,
Galerie Vitrée, 13.

DÉCEMBRE 1841.

IMPRIMERIE DE WITTERSHEIM,
Rue Montmorency, 8.

TABLE DES MATIÈRES

CONTENUES DANS CET OUVRAGE.

FIN DE LA TABLE DES MATIÈRES.

PRÉFACE.

S***, près Paris, juin 1841.

J'ai pensé, j'ai médité, j'ai hésité avant de prendre la plume; on a tant dit et redit sur la politique; le public n'y fait presque plus attention. Toutefois, je suis entraîné par les circonstances graves : la France menacée d'une guerre étrangère et de la guerre civile; voilà ce qui m'a déterminé à dire franchement ce que la vérité m'inspire; elle seule peut faire ouvrir les yeux aux divers partis qui se disputent le pouvoir. Guidé par l'amour du bien public, qui seul a présidé à ce travail, je proteste d'avance de mon respect pour les personnes. Si je me trouve forcé de citer les noms de quelques-uns, ou de peindre sous des couleurs peu favorables la conduite de quelques autres, je les prie de croire que je ne suis mû par aucune passion hostile; je n'ai cédé qu'à l'impérieuse nécessité de corroborer mes idées par la citation d'un certain nombre de faits.

Je ne suis pas littérateur; je n'ai voulu que publier,

dans l'intérêt de mon pays, ce qu'une longue étude des hommes et des choses et l'expérience des événements m'ont appris. A ce titre, je sollicite l'indulgence du lecteur. Partisan d'une sage liberté de la presse, qui donne à chacun la faculté d'exprimer sa pensée, je ne me suis pas proposé de remuer les passions politiques, ni de briguer la popularité ou de flatter le pouvoir. Ma seule ambition est de me rendre utile et d'éviter à mon pays, s'il est possible, le danger d'une nouvelle révolution.

Né dans un village, au milieu de la classe de travailleurs, à laquelle j'appartiens, je n'ai reçu d'autre éducation que celle que je me suis donnée moi-même. Déjà en 1804 j'avais à Paris une manufacture, et depuis j'ai occupé dans les départements un nombre considérable d'ouvriers.

Enfant de la Révolution de 89, je lui appartiens et lui suis dévoué de cœur et d'âme, et c'est pour conserver à la France les bienfaits de cette révolution que je publie cet écrit.

Je n'ai jamais rien demandé au gouvernement; on ne m'a jamais rien offert; je n'espère rien, et je ne demande rien; ma position est tout-à-fait indépendante et me permet de m'expliquer avec une sincère et profonde conviction.

Quel que soit l'accueil qui sera fait à cet écrit, je pourrai répéter le cri de la vieille loyauté : « *Fais ce* » *que doi, advienne que pourra.* »

INTRODUCTION.

—

Depuis 1831, j'ai plusieurs fois publié mes pensées sur la politique, et plus d'une fois j'ai été prophète; les preuves en existent dans les archives publiques et dans les depôts privés, j'ai indiqué des remèdes aux maux; on en aurait évité de plus grands, si l'on avait suivi les idées que j'ai publiées en 1831.

Lorsque j'ai vu la France calme, j'ai cru devoir garder le silence. La Coalition m'a réveillé, et le ministère Thiers m'a poussé malgré moi sur la brèche. Les mêmes éléments qui m'ont effrayé existent encore; les mêmes hommes se disputent toujours le pouvoir, et la France est sur un volcan. La dissension des partis mine la France; elle est menacée d'une grande catastrophe; encore une fois, je veux dire des vérités à mon pays.

Les épithètes d'écrivassier, de maniaque politique ne me seront pas épargnées; je l'ai déjà dit: je ne suis ni académicien, ni homme de lettres: je ne suis absolument rien qu'un bon citoyen; je juge l'avenir par le passé et le présent; il y a de certaines inspirations chez l'homme ui lui donnent la confiance. Je sollicite le lecteur de ne as me confondre avec ces écrivains qui ne sont dirigés que par des intérêts de parti ou d'argent (1). Je ne flatte ersonne, et j'ai le courage de dire des vérités à tout le nonde. Je ne m'adresse pas aux hommes isolés, mais à outes les classes de la société.

Je voudrais inoculer mes pensées politiques dans le cœur de tous les électeurs : c'est pour eux que j'écris; 'est le corps électoral qui forme la charpente du grand édifice politique en France. Je voudrais avertir les électeurs pour qu'ils ne donnent pas dans le piége qu'on leur end journellement.

Je ne suis pas idolâtre de mes opinions; mes principes sont basés sur une sage liberté, sur la raison et sur le bien-être de toutes les classes.

Parmi les partis, je n'en distingue point; les deux extrêmes et celui du milieu forment une trinité; ils se lient entre eux par l'intérêt général qu'ils invoquent tour à tour. D'ailleurs, en France, il n'y a pas d'aristocratie de fortune; les fortunes se déplacent, tant par les partages que par les successions et par les intelligences.

Cet écrit renferme deux systèmes:

1° Une meilleure et plus énergique exécution des lois existantes;

2° Une modification à faire à la loi électorale.

J'appellerai aussi l'attention de la puissance législative sur deux autres points :

(1) Les premiers 500 exemplaires de cet écrit seront vendus au profit des pauvres de la ville de Paris.

1° Danger du pouvoir d'un ministère qui, par son incapacité, son imprévoyance, ou pour ses intérêts personnels, peut compromettre et ruiner le pays. C'est une lacune dans les institutions constitutionnelles, qu'il faut combler. Il ne s'agit pas ici d'une loi sur la responsibilité ministérielle ; une responsabilité ministérielle est un mot qui n'a de valeur qu'administrativement ; mais, dans le cas de guerre d'alliance, quelle responsabilité peut offrir un ministre? Sa vie! on n'en veut pas. Sa fortune personnelle! souvent il n'en a pas; s'il en avait, elle serait insuffisante. D'ailleurs, ni l'une ni l'autre ne seraient un dédommagement. Il faut chercher cette garantie dans des lois fixes et stables.

2° Abus de la liberté de la presse. J'ai développé dans cet écrit les modifications que je propose à plusieurs des lois qui la régissent.

J'aime à croire qu'à l'époque des élections, les électeurs, à qui je recommande particulièrement ce travail, me sauront gré de mon avertissement. Le temps viendra, et il est peut-être moins éloigné qu'on ne pense, où l'on sera forcé de rendre justice à mes principes et à mon système.

Quoi qu'il arrive, je prie le lecteur de ne pas me condamner sans m'entendre : *frappe, mais écoute.*

Pour bien juger cet écrit, il faut le lire d'un bout à l'autre. Il y a un tel enchaînement d'idées, que si on ne lisait que quelques chapitres isolés, on ne pourrait pas se former une opinion impartiale. C'est un procès politique ; pour le juger consciencieusement, il faut connaître parfaitement tous les faits et toutes les circonstances de la cause.

Je n'ai pas la prétention de me constituer un oracle, mais je ne crains pas d'affirmer que cet écrit contient des principes qui peuvent sauver la France d'une grande commotion et rétablir une sécurité gouvernementale.

MIROIR POLITIQUE

DE LA FRANCE.

CHAPITRE PREMIER.

CHARTE DE 1830. — LOUIS-PHILIPPE.

La Révolution de Juillet a éclaté comme la chaudière d'une machine à vapeur; elle a renversé tout ce qui s'est trouvé sur son passage. De Brest à Strasbourg, et de Bayonne à Lille, elle n'a pas rencontré la moindre résistance.

Voici les éléments combustibles qui ont provoqué cette explosion :

1° Les cours prévôtales ;

2° L'influence excessive du clergé dans toutes les administrations ;

3° L'envahissement de presque tous les emplois civils et militaires, par les opinions politiques ;

4° Le double vote ;

5° Les fraudes électorales ;

6° Une majorité trop complaisante de la Chambre des députés;

7° Manuel expulsé de la Chambre des députés par la force publique;

8° Le milliard d'indemnité donné aux émigrés;

9° L'intervention en Espagne;

10° La loi du sacrilége;

11° La loi du droit d'aînesse, votée par la Chambre des députés et rejetée par la Chambre des pairs;

12° La loi sur la presse, votée par la Chambre des députés et rejetée par la Chambre des pairs;

13° Le licenciement de la garde nationale parisienne;

14° Le ministère Polignac (origine des 221);

15° La résistance des 221;

16° La dissolution de la Chambre;

17° Enfin les ordonnances de juillet.

Nous prions de bien remarquer ces éléments de la révolution, que nous avons indiqués avec intention. Tous ces faits ont produit une conspiration morale dans tous les esprits: on voyait dans l'avenir le gouvernement de l'ancien régime.

Il est aussi à remarquer que la Chambre des pairs héréditaires, a rejeté deux lois de la plus haute importance.

Le milliard donné aux émigrés, et les 400 millions dépensés en Espagne, sont des faits accomplis.

La loi sur le sacrilége, le double vote, les cours prévôtales, les fraudes électorales, n'existent plus.

L'ancienne noblesse, qui ne s'est pas ralliée au gouvernement de juillet, est partout éloignée des fonctions publiques.

L'armée s'est reformée avec ses anciens officiers. Le

clergé a donné des preuves de sa soumission au nouvel ordre des choses, et son influence politique n'existe plus.

Assurément, si, le 30 juillet, la nouvelle dynastie avait pu se présenter à la France avec toutes les concessions et toutes les autres modifications qui ont été faites, la France l'aurait bien accueillie et lui aurait dit : Merci, assez de liberté. En effet, c'était là tout ce qu'on voulait alors; on n'avait pas d'autres griefs contre la Restauration; la cause était gagnée.

Pour obtenir légalement toutes ces concessions, le concours des trois pouvoirs était indispensable : le Roi seul peut convoquer les Chambres, et il n'y avait plus de Roi en France. La Chambre des députés se réunit à la hâte; l'urgence était grande; la France était en danger; on craignait, on avait peur de l'anarchie et de la république.

Les députés comprirent qu'il fallait promptement sortir de cette fâcheuse position : les Chambres ont amendé la Charte de 1814, avec une grande précipitation, impérieusement commandée.

En sept jours la Charte fut amendée et présentée ensuite au duc d'Orléans; et, le 9 août, elle fut acceptée et publiée dans toute la France.

En 12 jours, une grande révolution s'est opérée, et un nouveau gouvernement constitutionnel a été reconnu.

Quelques mécontents ont voulu faire des objections sur la légalité de ces changements; mais, en bonne foi, en se reportant aux événements, à la situation du pays, devait-on, pouvait-on adopter une autre marche, sans exposer la France et l'Europe à des maux incalculables?

Pour former les trois pouvoirs constitutionnels et pour l'exécution de la Charte amendée, il fallait un Roi : les

Chambres, au nom de la souveraineté du peuple, ont offert au duc d'Orléans la Charte amendée avec la couronne.

Un pacte a été fait entre le peuple, représenté par les Chambres, et le duc d'Orléans; le prince a accepté la Charte avec la royauté : la Charte constitue donc la loi du peuple français; *sans la Charte, pas de Roi, et sans le Roi, pas de Charte.* Le peuple lui a donné la couronne de France, à condition qu'il gouvernera avec la Charte de 1830. Ce n'est pas un don que la France a fait au duc d'Orléans : c'est un traité qui a été conclu pour l'exécution et la conservation des lois.

Si l'on n'eût pas trouvé un prince-citoyen qui eût accepté la royauté avec la Charte amendée, dans quelle position la France se serait-elle trouvée? Le temps pressait; les jours, les heures, les minutes étaient comptés; la république guettait sur le seuil de la porte, tenant déjà le levier pour l'enfoncer; l'atmosphère parisienne était chargée d'influences révolutionnaires; l'abord de la Chambre des députés était assiégé par des habits râpés et des chapeaux usés; on pétitionnait de vive voix et d'une manière peu respectueuse; quelques jours de retard, peut-être le retard d'un seul jour aurait pu être funeste. C'est alors qu'on pouvait dire : *le présent est gros de l'avenir.*

Grâce à Louis-Philippe, qui s'est trouvé là pour préserver la France de l'anarchie et de la guerre civile, et probablement d'une guerre étrangère!

On sait le bien qu'il a fait, mais on ne peut pas apprécier les grandes calamités qu'il a épargnées à la France et à l'Europe.

Si le duc d'Orléans n'eût pas accepté, on n'aurait pas

eu le temps de chercher un souverain, à moins d'appeler un Napoléon : un Napoléon amenait une troisième et peut-être dernière invasion. Au surplus, on n'aurait pas eu le temps; la république n'aurait fait crédit à personne; rien n'aurait pu l'arrêter.

Une partie de la presse, des insensés et des fanatiques, disent que le Roi n'a pas tenu ses promesses, qu'il a confisqué nos libertés à son profit.

Si ces ennemis de l'ordre voulaient lire la Charte, ils verraient que le Roi n'est que la puissance exécutive de la Charte, articles 12 et 13; qu'il n'a pas violé les lois; il ne peut faire ni plus ni moins que ce que la Charte prescrit.

Le Roi n'a pu et ne pouvait faire un programme; il ne peut rien faire sans le concours des deux Chambres. Tous les calculs échouent devant les événements et les conséquences d'une révolution; là, 2 et 2 ne font pas toujours 4; les idées se déplacent comme les choses; les ambitions et les exigences des partis se développent.

Dans les révolutions, il y a des fortunes à faire et à refaire; ceux qui n'ont pas eu leur part deviennent exigeants. C'est là l'origine de ces conspirations permanentes contre la vie du Roi. Rien n'a pu désarmer ces séides politiques : on dirait que la clémence royale ne fait qu'irriter les passions. Le Roi n'ose mettre sa tête à la portière de sa voiture, sans craindre une balle régicide. Il n'y a pas un homme au monde plus exposé aux coups des assassins que Louis-Philippe. Quelle existence que celle d'un Roi, bon citoyen, bon père de famille, qui a fait tant de bien à son pays, qui a été si généreux envers ses ennemis et qui a fait à la France le plus grand sacrifice : celui de son repos !

Autrefois on disait : *si le Roi le savait !* On peut dire maintenant : *si le duc d'Orléans l'avait su !* serait-il Roi des Français? il est probable que non. On ne peut dire ce que serait la France sans le Roi des Français; on peut assurer qu'elle serait moins bien, parce qu'elle ne pourrait avoir un meilleur Roi et plus de liberté que ne lui assure la Charte de 1830.

Chaque ouvrier a une carte d'électeur dans son travail.

Chaque électeur a une médaille de député dans ses études.

Chaque député a un porte-feuilles de ministre dans ses capacités, comme chaque soldat a un brevet de maréchal de France dans sa giberne.

Ce principe d'égalité est vivant; il est écrit dans la Charte; il n'y a de privilége en France que dans le travail, dans l'étude, dans l'intelligence et dans les capacités.

La France est à son apogée de liberté; si on voulait aller au-delà, on la mettrait sur l'enclume de la terreur et sous le marteau du despotisme.

CHAPITRE II.

LA RÉPUBLIQUE ET L'EMPIRE.

La France a la force d'un gouvernement absolu et tous les avantages d'un gouvernement constitutionnel. Par son commerce, son industrie et l'intelligence de sa population, elle possède tous les éléments de grandeur, de gloire, de richesse et de prospérité.

Il n'y a pas un système de gouvernement dans le monde qui puisse se comparer à celui de la France : je n'en excepte pas la république des États-Unis du nord de l'Amérique. A tout propos, on nous cite ce gouvernement à bon marché comme modèle, et pourtant ce gouvernement n'a pas seulement la force de faire exécuter les lois, ni de faire cesser le commerce des esclaves.

Il est à remarquer qu'il y avait dans ce pays, en 1841 : 2,369,553 esclaves, non compris 371,606 Noirs libres, ainsi divisés :

Virginie.	580,000
Caroline du nord.	280,000
Caroline du sud.	270,000
La Géorgie.	265,000
Le Kentuckey..	200,000
A reporter. . . .	1,595,000

Report.	1,595,000
Le Tennesée..	175,000
Le Maryland.	127,000
Le Missisipi.	8,000
Dans divers autres États.	392,553
Ensemble.	2,297,553

D'après le recensement général de toute la population des États-Unis en 1841, elle se compose de 17,100,000 individus, dont 2,297,553 esclaves. (*Journal de New-York* du 30 mai 1841.)

Ainsi, dans le pays *le plus libre de la terre*, un septième de la population est esclave, et ceux qui ont osé élever la voix en faveur de l'émancipation des esclaves ont été assassinés. Ce gouvernement à bon marché dépense au-delà de ses recettes; il s'endette, et vient puiser tous les cinq à six ans par les emprunts européens dans nos finances, pour combler ses déficits, occasionnés par sa mauvaise organisation financière.

La position géographique de ce gouvernement ne permet aucune comparaison : il n'a pas de voisin à redouter, et, par conséquent, pas de frontière à garder, ni d'armée régulière à entretenir; il n'a que des côtes à surveiller pour garantir le paiement des droits de douane.

Les recettes couvrent en grande partie les dépenses de la république, et cependant, malgré tous ces avantages, il y a un commencement de désorganisation; le germe de la division a poussé de fortes racines, à mesure que sa population a augmenté et que la république a étendu son territoire; c'est pour ce pays une marche insensible vers la décadence, par la raison qu'un grand État n'a jamais pu exister longtemps sans un chef héréditaire. La non uniformité des lois de l'Union et la faiblesse du gouvernement, indiquent une séparation inévitable. Chaque État de l'Union a ses lois particulières; il n'y a point d'unité.

Ce serait un événement heureux pour l'Amérique et pour l'Europe, si les États-Unis pouvaient se former en monarchie constitutionnelle : par leur puissance, ils établiraien l'équilibre sur mer, et l'Angleterre perdrait sa grande supériorité maritime.

La plus grande force des États-Unis d'Amérique consist dans les grands capitaux que l'Angleterre et la France lu ont confiés. Une guerre occasionnerait non-seulement de pertes considérables, mais priverait aussi les manufacture françaises et anglaises de très grands débouchés de leur produits, et compromettrait les immenses capitaux qu ces deux gouvernements ont engagés dans cette républiqu chose étrange et bizarre. Les États-Unis d'Amérique pu sent, dans cette situation, leur force dans l'industrie de France et de l'Angleterre.

Cette république-modèle marche graduellement ve sa dissolution, et sans vouloir préciser un terme à la dur de l'Union, le temps où elle doit s'anéantir est peut-êt moins éloigné qu'on ne pense.

Si la république des États-Unis ne donne pas plus c force à l'action de son gouvernement, elle tombera dan l'anarchie et la guerre civile, comme les républiqu espagnoles.

Presque toutes les républiques américaines ont fait d emprunts à la France et à l'Angleterre, qu'elles ne rembou sent pas. Partout les capitaux français et anglais les sou tiennent.

Bien loin de chercher à réformer la France sur le modè des États-Unis, il faudrait conseiller aux États-Unis c

·endre pour modèle la monarchie constitutionnelle de la ·ance. La position de cette république changerait de face, le deviendrait une des grandes puissances du monde.

Je laisse à des hommes plus savants que moi de dévepper cette haute question politique.

Je ne veux établir de comparaison qu'avec la répuique des États-Unis d'Amérique, parce que toutes les ·publiques anciennes avaient des institutions despoques.

Les républiques espagnoles sont dans une anarchie ermanente, et les petites républiques d'Europe ne doient leur existence qu'à la protection des grands États.

La France a fait de la république une trop malheureuse xpérience; les échafauds, les confiscations, les assignats, . déprédation, la famine, la mort de l'industrie et du ommerce nous ont laissé d'ineffaçables souvenirs. Alors s ouvriers sans pain n'osaient pas murmurer; les jouraux n'osaient ni provoquer, ni se plaindre; la hache évolutionnaire était suspendue sur toutes les têtes. C'est ce que la France a vu et qu'elle ne veut plus voir.

Le gouvernement constitutionnel d'Angleterre ne peut as non plus être comparé à la France:

1° En Angleterre la pairie est héréditaire;

2° Le droit d'aînesse y existe; les grandes fortunes resent dans les mêmes familles; tous ceux qui entourent la oyauté, à peu d'exceptions près, possèdent de très grandes fortunes: il n'y a point de fortunes à faire; elles ont héréditaires;

3° Dans les élections des membres du parlement, le scrutin secret n'existe pas; le vote est public: c'est un point très important;

4° Tous les partis politiques professent, au plus haut degré, le respect et l'attachement pour la royauté. Pour eux, la royauté est l'arche sainte; toute la nation, comme un seul homme, comprend la nécessité de soutenir le trône. L'éducation politique des Anglais est faite, la nôtre ne l'est pas; c'est sur ce point que nos législateurs doivent porter toute leur attention. L'Angleterre proclame, dans toutes ses possessions, la liberté civile et religieuse; ni l'une, ni l'autre n'existe, ni en Angleterre, ni dans ses possessions; partout les priviléges ont été conservés.

En France, la liberté civile et religieuse est écrite dans la Charte; la France seule est le pays classique de toutes les libertés, sans aucune distinction et sans aucun privilége.

La presse de toutes les oppositions et les mécontents invoquent le règne glorieux de l'Empire: je comprends qu'on aime le jeune général Bonaparte, le plus grand guerrier des temps modernes; je comprends qu'on aime le premier consul, qui a enveloppé la France de gloire et d'admiration, qui a rétabli l'ordre et un gouvernement en France; mais je ne comprends pas, que ceux qui se disent les défenseurs de nos libertés, les amis du peuple, puissent, consciencieusement et logiquement, invoquer le régime impérial. L'Empereur était le despotisme incarné; il a tué nos libertés et a dépeuplé la France; il a payé un Corps-Législatif pour se taire; il a payé un Sénat, qui n'a jamais osé dire *non*, les décrets remplaçaient les lois; Napoléon faisait marcher la presse comme les soldats; les prisons remplaçaient les tribunaux, et personne n'osait murmurer.

Il n'y a pas un homme de bonne foi qui puisse justifier

malheureuse invasion en Espagne: c'est là l'origine de chute de Napoléon.

Il n'y a pas non plus un bonapartiste qui puisse justifier guerre contre la Russie, où une armée de 700,000 hommes, la plus belle et la plus brave du monde, a péri de oid, de faim et de misère.

Le jeune et grand général Bonaparte, le premier conl, a fait la guerre pour l'honneur et la gloire de la France; Empereur a fait la guerre pour Napoléon Ier et sa faille.

Les décrets datés de Madrid et de Moscou forment ne page de l'histoire qui a coûté cher à la France (1). Ces

(1) Conscrits levés depuis la fondation de l'empire :

Loi du 17 *janvier* 1805	60,000
Sénatus-Consulte du 24 septembre 1805	80,000
4 décembre 1806	80,000
7 avril 1807	80,000
7 avril 1807	80,000
21 janvier 1808	80,000
10 septembre 1808	160,000
18 avril 1809	30,000
18 avril 1809	10,000
5 décembre 1809	36,000
13 décembre 1810	120,000
13 décembre 1810	40,000
20 décembre 1811	120,000
13 mars 1812	100,000
1er septembre 1812	137,000
11 janvier 1813	250,000
3 avril 1813	180,000
21 août 1813	30,000
9 octobre 1813	280,000
14 novembre 1813	300,000
Total	2,173,000 non compris les levées des Cent-Jours.

(Capefigue, *Histoire du Consulat et de l'Empire*, T. x, p. 510.)

décrets ont amené deux fois les étrangers au palais des Tuileries.

Qu'est-ce que la France a gagné, lorsque presque toute l'Europe était à Napoléon?.... la mort de ses fils, la dévastation, la ruine, les invasions.

L'Empereur a noyé toutes ses fautes dans la gloire militaire et dans le Code de Napoléon: ce sont là en effet des monuments impérissables.

Avant tout, il faut être impartial. Rendons justice au premier consul de nous avoir tirés de l'anarchie et d'avoir rétabli l'ordre en France.

Rendons justice à Louis XVIII : la Charte de 1814 est arrivée avec lui.

Rendons une double justice à Louis-Philippe : il nous a préservés de l'anarchie et de la guerre civile ; c'est par son concours que la Charte de 1814 a été amendée. Voyez ce que vous avez été sous l'ancien régime, sous la République, sous l'Empire et sous la Restauration, et ce que vous êtes aujourd'hui.

Le premier consul a laissé la France à l'Empereur dans toute sa puissance ; l'Empereur a laissé la France aux étrangers. Cependant on invoque et on paraît regretter le règne de Napoléon. Si Napoléon sortait de son tombeau avec son épée ensanglantée, on ne voudrait ni l'adopter, ni le reconnaître, et pourtant la foule est à genoux devant ses cendres !

Quel est l'homme qui a de la conscience et de l'humanité, qui aime son prochain et les libertés publiques, qui puisse comparer l'anarchie républicaine et le despotisme impérial à la royauté de juillet? Pour faire une pareille comparaison, nous prions le lecteur de lire la Charte de 1830.

CHAPITRE III.

SOUVERAINETÉ DU PEUPLE.

La souveraineté du peuple n'est pas une vérité; le peuple ne peut exercer aucune souveraineté; il a le droit de déléguer ses pouvoirs à un petit nombre; là sa souveraineté cesse.

Le 7 août 1830, la Chambre des députés a proclamé la souveraineté du peuple; en même temps elle a amendé la Charte de 1814.

La Chambre a voulu dire : « Nous sommes les délégués du peuple ; nous avons modifié la Charte dans l'intérêt du peuple; nous avons formé un nouveau gouvernement constitutionnel; nous avons offert la royauté au duc d'Orléans, au nom du peuple que nous représentons. » En effet, la Chambre de 1830 a des droits à la reconnaissance nationale : ce n'est pas elle qui a fait la révolution, mais elle a posé une barrière à son débordement.

La souveraineté du peuple, c'est la souveraineté électorale; elle consiste à nommer les députés qui la représentent à la Chambre des députés et qui exercent la souveraineté par délégation. Toute autre interprétation de la souveraineté du peuple est absurde et anarchique. La Chambre élective n'a d'autre pouvoir que celui qui est écrit dans la Charte de 1830. Ce principe est incontestable, car dès qu'on sort de la Charte, il n'y a plus de gouvernement.

Si l'on admettait la souveraineté du peuple dans le sens que lui donnent les partis, ce ne serait pas de la république, mais chaque ville, chaque bourg, village ou hameau voudrait se constituer souverain; ce serait le gouvernement du père Adam : le plus fort tuerait le plus faible.

Ceux qui, tous les jours, proclament la souveraineté du peuple, lui tendent un piége; ils veulent égarer dans leurs propres intérêts et dans des vues anarchiques ce peuple, dont ils se disent les défenseurs exclusifs.

On voit des hommes honnêtes, gens de bonne foi, sacrifier, dans les meilleures intentions, leur temps, leur fortune, et leur avenir pour soutenir et faire triompher leur système politique. Ceux-là sont les plus dangereux; ils entraînent les hommes qui n'ont pas d'opinion arrêtée. C'est là le plus grand danger que les électeurs, dont je parlerai plus loin, doivent apprécier.

CHAPITRE IV.

LE ROI RÈGNE ET NE GOUVERNE PAS. — RESPONSABILITÉ DES MINISTRES.

Il me répugne de traiter la question: *le Roi règne et ne gouverne pas ;* mon intelligence s'y refuse ; cette question par elle-même est un sacrilége politique. Honte, mille fois honte, à ces hommes, dans quelque classe qu'ils se trouvent, qui ont élevé cette question : c'est une véritable utopie, une chicane d'avocat qui plaide et qui veut entortiller ses juges. (1)

Cette question a été agitée et discutée, et l'on n'y a jamais répondu clairement. Pour toute réponse, je citerai textuellement les articles 12 et 13 de la Charte.

Art. 12. « La personne du Roi est inviolable et sacrée ;
» ses ministres sont responsables ; au Roi appartient la
» puissance exécutive. »

Art. 13. « Le Roi est le chef suprême de l'État ; il
» commande les forces de terre et de mer, déclare la
» guerre, fait les traités de paix, d'alliance et de com-
» merce, nomme à tous les emplois d'administration
» publique, et fait les réglements d'ordonnances pour
» l'exécution des lois, sans jamais pouvoir ni suspendre

(1) Le Roi a juré qu'il *gouvernera ;* le mot *règne* ne se trouve même pas dans la formule du serment.

» les lois elles-mêmes, ni dispenser de les exécuter. »

En examinant ces deux articles, on voit que le Roi est le chef du gouvernement : il règne et gouverne ; il est le président réel de son ministère : la présidence du conseil des ministres n'est qu'un titre ; au Roi appartient toujours le droit de changer son ministère.

Le Roi commande les forces de terre et de mer, et nomme à tous les emplois.

Le Roi choisit ses ministres ; leur devoir est tracé par les lois.

Les ministres gouvernent au nom du Roi : ils proposent, et le Roi refuse ou accepte.

Le Roi ni les ministres ne peuvent sortir de la légalité.

Les ministres, aux termes de la Charte, sont responsables de leurs actes; le Roi ne l'est pas.

Comment concilier ces deux principes : le Roi héréditaire n'est pas responsable, et un ministère que le Roi peut révoquer à volonté, est responsable ? Cette grave question peut s'expliquer ainsi : le Roi règne et gouverne ; il choisit les administrateurs de son royaume, qui sont les ministres. Le Roi doit savoir tout ce qui se passe et tout ce qui se fait, et lorsque le Roi juge que le pays n'est pas bien administré, il doit changer ses ministres, car la responsabilité des ministres, écrite dans la Charte, n'est qu'une fiction.

La non-responsabilité du Roi est écrite dans la Charte, et nous voyons que le Roi est obligé d'agir, et agit, comme s'il était responsable. Je ne citerai qu'un fait qui est à la connaissance de tout le monde.

Si le Roi n'avait pas surveillé et arrêté le ministère Thiers dans sa course belliqueuse, la France serait en guerre avec toute l'Europe. Quel dédommagement la France aurait-elle pu espérer dans la responsabilité du ministère Thiers ?

Je m'arrête aux fâcheuses conséquences, sans les développer, laissant ce soin à la raison publique.

J'écarte, pour le moment, la question de la majorité de la Chambre des députés : j'y reviendrai ; je me borne, quant à présent, à la discussion du plus grand des principes constitutionnels.

Les ministres, comme tous les hommes, ont des passions et des faiblesses ; ils peuvent se tromper ou se laisser tromper.

Si un ministre voulait donner les meilleurs emplois à sa famille, à ses amis, ou à des hommes qui n'ont pas les capacités et les qualités exigées pour ces emplois, toutes les administrations pourraient se trouver désorganisées et en désordre.

Si le ministère voulait faire signer au Roi un traité de commerce onéreux pour le pays, une déclaration de guerre qui puisse entraîner le pays dans une ruine, le Roi refuserait la ratification du traité. Eh bien ! ce refus est un acte essentiellement gouvernemental ; le ministère veut, le Roi ne veut pas ; le Roi reste, et le ministère se retire. Un nouveau ministère arrive avec un nouveau système, il ne signe pas le traité. C'est donc toujours le Roi qui gouverne.

J'invoquerai encore, à l'appui de mon raisonnement, l'article 69 de la Charte, qui s'exprime ainsi :

« Il sera pourvu successivement, par des lois séparées » et dans le plus court délai possible, aux objets qui » suivent :

» 1° L'application du jury aux délits politiques et aux » délits de la presse;

» 2° La responsabilité des ministres et des autres pou- » voirs. »

Ainsi neuf articles ont été convertis en lois, excepté l'article 2 sur la responsabilité ministérielle, parce qu'une pareille loi est indéfinissable.

Si le Roi ne gouvernait pas, le gouvernement serait entre les mains des ministres; il n'y aurait plus de Charte, plus de Roi. Les factions révolutionnaires peuvent seules soulever de semblables questions. Les générations futures prendront cette prétention pour une fable: on ne croira pas cette vérité historique.

On a voulu, dans un temps, des institutions républicaines avec un chef héréditaire, et l'on veut que ce chef héréditaire ne s'occupe pas de son gouvernement! Est-ce que le président des États-Unis ne peut pas s'occuper des affaires de la république? Eh! mon Dieu! si l'on veut un Roi fainéant, idiot, qui ne s'occupe que de ses plaisirs, pourquoi lui assurer une liste civile de douze millions? Oui, je le dis avec conviction: il y a des partis qui voudraient faire du Roi une mécanique politique, que la Chambre ferait mouvoir à volonté.

La question: le Roi règne et ne gouverne pas a été agitée dans plusieurs assemblées électorales préparatoires; je ne me souviens plus des réponses; mais où mèneraient de semblables principes? la moindre atteinte à la prérogative royale serait le signal d'une désorganisation et remettrait tout en question.

CHAPITRE V.

DE LA PEUR.

Les légitimistes, les anarchistes et les républicains ont peur de la sagesse du Roi.

Le Roi a peur de la Chambre des députés et des ministres.

Le Roi a peur d'accueillir tous ses amis.

Les ministres ont peur de la Chambre des députés;

La majorité a peur de la minorité.

Le ministère a souvent une majorité de peur.

La Chambre des députés a peur des électeurs.

La majorité de la Chambre des députés n'ose pas agir, de peur.

Dans les élections des députés, le gouvernement ne défend pas ses candidats, de peur.

La Chambre des pairs a peur de la Chambre des députés.

Les conservateurs ont peur des mensonges.

L'opposition a peur de la vérité.

Les légitimistes et les républicains ont peur de l'ordre.

Les conservateurs ont peur du désordre;

Tout le monde a peur de la presse.

Les journalistes n'ont pas peur du ministère public,

ni du jury : les journalistes n'ont peur que des journalistes.

Le gouvernement accorde à des ennemis politiques des faveurs, de peur.

Le gouvernement néglige et abandonne plusieurs de ses amis politiques, de peur.

Le Roi et les Chambres ont peur de M. Thiers.

M. Thiers n'a pas peur des révolutions, ni de la ruine de la France; il n'a même pas peur de l'enquête de la bourse.

M. Thiers n'a peur que de M. Guizot.

Le ministère a adopté la loi des fortifications, de peur.

Il ne se fait pas une acquisition de charges ou d'immeubles sans qu'il ne soit question d'une crainte de guerre ou d'une révolution; on agit sous l'influence de la peur.

La Charte de 1830 a peur de l'Europe.

L'Europe a peur de la Charte de 1830.

La France a peur de la France.

La peur toujours! la peur partout!

On ne verra dans cette question de peur que des mots; elle est pourtant bien sérieuse et bien grave; elle exerce une grande influence dans la politique de la France et de l'Europe.

Electeurs! voulez-vous vous guérir vous-mêmes, et toute la France, de la peur, nommez des députés modérés et sages qui veulent conserver et consolider nos institutions.

Vous voterez une stabilité gouvernementale.

Vous voterez la force au dedans et la paix au dehors.

Vous voterez la sécurité des charges publiques.

Vous voterez l'augmentation de la valeur des propriétés.

Vous voterez la prospérité de l'industrie et du commerce.

Vous voterez du travail et de bonnes journées aux ouvriers, et enfin vous voterez la prospérité générale du pays.

CHAPITRE VI.

GUIZOT A GAND. — ODILON-BARROT DANS LES VOLONTAIRES ROYAUX. — LE GÉNÉRAL BONAPARTE, SANS-CULOTTE.

A la Chambre, on a reproché à M. Guizot d'avoir été à Gand, et à M. Odilon-Barrot d'avoir servi dans les volontaires royaux. M. Guizot a été à Gand, parce qu'il craignait Napoléon et son futur gouvernement despotique.

M. Odilon-Barrot, qui a protesté contre l'acte additionnel, était déjà alors un célèbre avocat, un bon légiste; il a préféré le gouvernement constitutionnel de Louis XVIII, au gouvernement du sabre de Napoléon.

A la Chambre, on a reproché à l'un et à l'autre leur conduite politique : ces reproches pourraient s'adresser à tout le monde.

On a oublié que la Charte de 1814, donnée par Louis XVIII, est la même Charte qui a été amendée en 1830.

Il est plus que probable que, si avant la guerre de Russie, Napoléon eût donné à la France la Charte de 1814, MM. Guizot, Odilon-Barrot et tous les membres de la Chambre actuelle auraient crié : *Vive Napoléon! Vive la Charte!* on n'aurait demandé ni plus de liberté, ni plus de garantie, et la presse n'aurait pas songé à lever l'étendard de la propagande.

Il n'y aurait pas eu assez de louanges, on aurait presque

fait de Napoléon un demi-dieu, au moins le législateur incomparable et unique dans le monde. Autre temps, autres mœurs.

Il y a des hommes qui ne sont jamais contents ; la possession de toutes les jouissances devient une habitude; on cherche le mieux, et le mieux détruit souvent le bien, et laisse des regrets.

Si l'on voulait accuser la conduite politique de tous les Français qui ont servi l'ancien régime, la République, l'Empire et la Restauration, il faudrait chercher la Chambre et les Français ailleurs qu'en France.

Les partis, dans la Chambre, veulent rendre leurs adversaires odieux au pays, par des accusations puériles et peu dignes de la représentation nationale.

La gauche a fait des reproches à M. Guizot, le centre l'a justifié par M. Barrot : les intérêts de la France sont tout-à-fait étrangers dans ces tristes débats.

Pas un député, à quelque parti qu'il appartienne, n'aurait jamais osé reprocher à l'empereur Napoléon, que le général Bonaparte avait été un sans-culotte (1).

(1) Voici deux lettres du général Bonaparte ; il faut faire la part à l'époque.

1° CITOYENS REPRÉSENTANTS,

C'est du champ de gloire, marchant dans le sang des traîtres, que je vous annonce avec joie que vos ordres sont exécutés, et que la France est vengée ; ni l'âge, ni le sexe n'ont été épargnés. Ceux qui avaient été seulement blessés par le canon républicain, ont été dépêchés par le glaive de la liberté et par la baïonnette de l'égalité.

BRUTUS-BONAPARTE,
Citoyen, sans-culotte.

Aux représentants du peuple, Robespierre jeune et Fréron.

2° Voici une de ses lettres après le 9 thermidor, plus dans son style.

Nice, le 20 thermidor an II.

LE GÉNÉRAL COMMANDANT L'ARTILLERIE DE L'ARMÉE D'ITALIE, AU CITOYEN TILLY.

Tu auras appris la conspiration et la mort de Robespierre, Couthon, Saint-Just, etc. Il avait pour lui les jacobins, la municipalité de Paris, l'état-major de la garde nationale; mais après un moment de vacillation, le peuple s'est rallié à la Convention.

Barré, Carnot, Prieur, Billaud-Varennes, etc., sont toujours au Comité de salut public; cela n'apporte aucun changement aux affaires. Ricord, après avoir été chargé par le Comité de salut public, de la notification de la conspiration, a été rappelé dans le sein de la Convention. Sallicetti est dans ce moment-ci représentant de l'armée d'Italie. Nos opérations militaires seront, je crois, un peu contrariées, peut-être même absolument changées.

L'artillerie était en avant, et le tyran sarde allait recevoir un grand coup; mais j'espère que cela ne sera que retardé... J'ai été un peu affecté de la catastrophe de Robespierre le jeune, que j'aimais et que je croyais pur; mais fût-il mon père, je l'eusse moi-même poignardé, s'il aspirait à la tyrannie.

BONAPARTE.

(CAPEFIGUE, *l'Europe pendant le Consulat et l'Empire*. T. I, p. 297).

CHAPITRE VII.

DE LA COALITION DE LA CHAMBRE DES DÉPUTÉS.

La coalition est un fait accompli ; je n'en parlerais pas, si elle ne pouvait se reproduire, et si elle ne se rattachait pas à notre politique fondamentale, passée, présente et future, et si elle ne sapait pas dans sa base nos institutions monarchiques constitutionnelles ; les effets de la coalition se font encore sentir journellement ; elle a été pour la Chambre un tremblement de terre politique ; elle a renversé toutes les opinions et faussé tous les principes. Par elle, tous les éléments gouvernementaux ont été déplacés, tous les partis se sont tendu des piéges, chacun a joué au plus fin. La paix publique a été compromise, et la France a payé bien cher cette guerre civile parlementaire.

La Chambre a fait une question d'État de ce qui, au fond, n'était qu'une question de personnes, dont les chefs étaient MM. Guizot, Thiers, Persil, Berryer, Garnier-Pagès, Dupont (de l'Eure) et Mauguin.

C'est comme s'ils avaient dit au Roi : Sire, le ministère Molé ne couvre pas assez la royauté ; nous sommes les seuls capables de bien gouverner la France ; nous prions Votre Majesté de choisir un ministère parmi nous ; d'ailleurs, si Votre Majesté s'y refusait, nous avons des boules noires, nous vous y forcerions. Ce qui est arrivé: les oppositions ont voulu être plus françaises que la France et le Roi.

C'est une louable ambition d'arriver au ministère, s'il n'y a que l'intention de mieux gouverner que celui qu'on remplace.

La coalition prétend que ce n'est pas une coalition ; que ce n'est que la rencontre des opinions agissant dans l'intérêt du pays.

Cette rencontre ne me paraît pas plus naturelle que la rencontre fortuite, dans un domaine, des loups, des renards, des poules et des moutons, qui feraient entre eux un traité d'alliance pour renvoyer de leur propre autorité, le régisseur, sans consulter le propriétaire, et même contre sa volonté, parce qu'ils prétendraient qu'il a mal administré, qu'ils feraient mieux que lui, et tout cela dans l'intérêt du propriétaire du domaine.

Je n'ai pas besoin de démontrer que cette alliance était contre nature; car on n'a jamais vu des loups, des renards, des poules et des moutons vivre en bonne intelligence.

Quoi qu'il en soit, cette rencontre d'opinions a été bien malheureuse pour la France.

Toutes les actions de l'homme ont un but, et le mobile en est ou les intérêts généraux, ou les intérêts personnels. Or, dans cette rencontre d'opinions, il ne pouvait y avoir que des intérêts personnels. Il est évident que ces chefs ne pouvaient pas avoir les mêmes intérêts : les uns comptaient sur des porte-feuilles, les autres sur un autre système et sur une guerre civile parlementaire : un changement de ministère était inévitable.

Lorsqu'un certain nombre de conservateurs voudront renverser un ministère conservateur, la coalition se reproduira, la route est tracée; un petit nombre de conservateurs n'aura qu'à se détacher; l'aile gauche et l'aile droite sont toujours prêtes à faire feu sur le centre; toutes les oppositions voteront toujours avec ceux qui veulent renverser un ministère conservateur.

La coalition est l'événement le plus fâcheux qui soit arrivé depuis la Révolution de Juillet ; elle a fait plus de mal à la France que toutes les conspirations :

1° Elle a forcé la main au Roi et a affaibli la royauté ;

2° Elle a divisé les électeurs, qui votaient toujours ensemble;

3° Elle a produit un ministère intérimaire, dans l'impossibilité où était la royauté d'en composer un autre;

4° Elle a provoqué une émeute;

5° Une partie de la Chambre a perdu la confiance des électeurs ;

6° Enfin elle a produit le déplorable ministère Thiers, de la seconde main, il est vrai; mais sans la coalition, le ministère Molé existerait peut-être encore.

La coalition était sans principes; toutes les conséquences n'en pouvaient être que fausses et dangereuses. Le lendemain de sa victoire, la coalition, vaisseau sans gouvernail, ne pouvait naviguer qu'au gré des vents ; la moindre vague pouvait la faire chavirer.

Toutes les oppositions ont bien compris que la coalition amènerait tôt ou tard un grand événement; elles n'avaient rien à perdre et tout à gagner.

M. Guizot, ce drapeau européen de bonne foi, sous lequel tous les honnêtes gens se seraient rangés, est venu écorner dans la coalition sa belle réputation et son beau caractère.

M. Guizot était le drapeau des conservateurs, c'était le pontife de leur religion politique : je n'ai pas rencontré un seul électeur conservateur (comme si tous s'étaient donné le mot) qui ne répétât : « Quel dommage que M. Guizot se soit jeté dans la coalition ! »

La lettre politico-métaphysique qu'il a adressée au maire de Lisieux, ne prouve pas plus ses griefs contre le ministère. Molé, que le Phédon de Platon ne prouve l'immortalité de l'ame.

Il y a des actions politiques qui ne peuvent s'expliquer. Quand une majorité parlementaire vote qu'il fait nuit en plein midi, il faut allumer les lampes.

Les grands hommes font aussi des fautes ; ils sont aussi les fils d'Adam ; ils ne peuvent répudier la nature de l'homme. La puissance entraîne avec elle l'ambition : l'histoire de la Révolution à fourni de nombreux exemples de ces batailles parlementaires ; vainqueurs et vaincus ont tour-à-tour succombé ; mais ces malheureux combats ont ensanglanté et ruiné le pays.

M. Guizot a rendu de si grands services à la France constitutionnelle, qu'on aime encore oublier ses fautes.

La coalition a pris naissance dans la jalousie de quelques hommes : la coalition croyait que le ministère Molé rendrait la place à la première sommation ; mais ceux qui veulent conserver, qui prennent le titre de conservateurs, ne devaient pas voter avec toutes les oppositions. malheureusement ils s'étaient trop avancés pour pouvoir reculer.

Les oppositions ne voulaient que bouleverser ; elles ne

sont pas coalisées ; elles n'ont pas changé de système ; s n'ont fait que profiter des fautes des doctrinaires et quelques conservateurs entraînés sans but et sans son.

On a reproché au ministère Molé d'avoir eu trop de bité, parce qu'il a fidèlement exécuté les traités.

On lui a aussi reproché d'avoir recherché l'alliance se ; mais si la France avait une alliance avec la Russie l'Angleterre, elle tiendrait la balance européenne. Cer-, le traité du 15 juillet ne se serait pas signé sans la ance.

On se plaint journellement à la Chambre de l'isolent de la France; comment veut-on qu'il en soit autrent, quand la coalition a blâmé le ministère d'un gournement constitutionnel d'avoir fidèlement exécuté les ités?

Peut-on croire que la coalition puisse inspirer de la nsidération et de la confiance aux étrangers ? Il ne suffit s de dire : Nous sommes maîtres chez nous, nous nous uvernons comme nous l'entendons ; ceci est vrai en incipe, mais un tel raisonnement serait une fanfarone et en contradiction avec nous-mêmes : si l'on ne ut pas rester isolé, il faut vivre en bonne intelligence ec ses voisins ; c'est une des conditions qui tient essenllement à la prospérité publique.

La coalition porte ses fruits : les partis sont continuelment en présence; les amis de la coalition restent tours des ennemis politiques.

Qu'est-il arrivé aux élections?

Les oppositions ont voté pour les candidats conservateurs coalisés, de façon que le député conservateur coalisé est devenu le député de l'opposition.

Le plan du grand comité de l'opposition était de faire arriver à la Chambre les mêmes députés, pour que la Chambre restât dans la même position de coalition, et que le ministère Molé fût forcé de se retirer; un nouveau ministère, sans la participation de la gauche, n'aurait pas pu se former; ce qui est effectivement arrivé: le roi a été forcé de confier le gouvernement à un ministère intérimaire jusqu'au lendemain d'une émeute.

Il résulte de ces faits authentiques, qu'il y avait une coalition flagrante, évidente contre le ministère Molé; les intérêts du pays y étaient tout-à-fait étrangers. L'opposition de gauche voulait faire arriver à la Chambre les mêmes députés et maintenir les dissensions, pour avoir au moins une part du pouvoir. En effet, il n'est pas naturel de voter en masse et de se lever comme un seul homme pour appuyer les candidats conservateurs et voter pour ses ennemis politiques.

Les discours aux Chambres sont élastiques; on les interprête à volonté; ils sont comme les procès; les mêmes avocats plaident sur des points de droit dans des principes tout opposés.

En voici la preuve :

Dans le discours que M. Persil a prononcé à la Chambre des pairs, le 26 mars, sur les fortifications, il a dit : « Les » radicaux, comme les hommes de l'opposition dynas- » tique, sont divisés d'opinions, voilà la vérité; les uns » sont en faveur de la loi, ce n'est pas le plus grand nombre; » les autres lui sont contraires. Vous avez entendu un de » nos jeunes collègues, se plaçant lui-même dans l'opposi-

» tion, venir vous déclarer ne vouloir pas de fortifications.
» Il n'y a donc pas de conséquence à tirer de l'opinion de
» l'opposition de gauche ou extra-constitutionnelle. Mais
» il n'en est pas de même de l'opinion légitimiste; on ne
» peut pas dire que les organes de cette opinion sont di-
» visés; il y a au contraire, au sujet des fortifications,
» une unité dans ce parti; c'est un fait qui ne sera pas
» nié : la conséquence à en tirer, la voilà: les partis ont
» un sentiment très profond de leur intérêt; ils ne se
» trompent jamais sur les causes qui peuvent les faire
» triompher. Eh bien! il faut le dire, il n'est pas sans
» avantage que la France l'entende partir d'ici, le parti
» légitimiste sait parfaitement qu'il ne peut revenir sans
» l'étranger. »

Vous avez peut-être raison, M. Persil, sur les principes des légitimistes; ils ne votent que pour tout ce qui peut amener un changement dans nos institutions; c'est l'essence de leur système. Mais vous, M. Persil, ancien et bien bon ministre, et l'un des généraux de la coalition, vous n'avez pas tenu le même langage à l'époque de la coalition; vous avez voté avec et comme les légitimistes, vous avez voté avec un parti qui veut l'étranger; ce parti qui veut l'étranger a voté avec vous, parce qu'il a vu que la coalition embarrasserait le Gouvernement: son vote est la conséquence de son système; assurément, ce n'est pas le vôtre; mais vous avez voté contre M. Molé et non pas contre le système politique du ministère Molé. La coalition peut se glorifier ou se reprocher d'être la grand'-mère du ministère Thiers, et c'est la France qui paie tous les frais de cette maternité.

M. Persil, vous n'auriez pas osé dire aux légimistes

qu'ils votent pour l'étranger, parce que vous aviez besoin de leur vote, *vous aviez le sentiment très profond de vos intérêts*, comme vous l'avez dit dans votre discours à la Chambre des pairs, car, de 15 à 20 voix près, le ministère Molé aurait triomphé de la coalition. Le célèbre jurisconsulte, quoiqu'en contradiction avec lui-même, savait bien qu'en politique, les mauvaises causes peuvent se gagner avec les majorités.

Le meilleur avocat ne peut pas pour toujours cacher la vérité. La vérité est comme le soleil, elle se cache quelquefois et reparaît toujours.

Les légitimistes ne demandaient pas mieux que de voter contre le ministère Molé, parce que c'était le signal d'une guerre civile parlementaire, guerre qui n'a pas encore cessé.

Le vote des fortifications n'est qu'une question d'argent, mais le vote de la coalition était une haute question de principe constitutionnel qui s'attache à la prérogative royale.

Il a fallu la réunion de tous les partis, légitimistes, républicains, radicaux, la gauche, les doctrinaires et grand nombre de députés conservateurs, qui se sont trouvés entraînés sans le vouloir, sans le savoir, et encore cette croisade parlementaire contre un seul parti, contre une seule opinion n'a pu former une majorité gouvernementale. Le système des cinq partis réunis contre un seul n'a pas pu former une majorité contre le système de M. Molé. Non, jamais, au grand jamais, les quatre puissances n'auraient fait le traité du 15 juillet sans le consentement du ministère Molé. Le ministère Molé inspirait la confiance, et le ministère Thiers inspirait la méfiance.

Je ne chercherai d'autres preuves que dans la correspondance entre MM. Guizot et Thiers.

La France électorale a le droit de dire aux députés de la coalition : Vous avez forcé le Roi à changer le ministère Molé, lorsque la France était en pleine prospérité, vous nous avez assurés qu'il gouvernait mal; nous ne voyons pas que ses successeurs aient mieux fait; bien au contraire, ils ont placé la France pendant six mois entre la paix et une guerre générale; ils ont vidé le trésor, ruiné les finances; la France a été forcée d'augmenter considérablement sa dette; et toutes ces charges vont retomber sur nous; Voilà ce que nous avons gagné. *Malheureuse coalition, malheureuse France* !

CHAPITRE VIII.

LIBERTÉ DE LA PRESSE. — JOURNAUX PÉRIODIQUES. — JURY POLITQUE.

La liberté de la presse, c'est la plus belle conquête de la Révolution de Juillet ; c'est le flambeau de la royauté et la sauvegarde du peuple; toutes les libertés perdues peuvent être reconquises par la liberté de la presse. La liberté de la presse fait éviter de grandes injustices; c'est une sentinelle armée, qui menace de faire feu sur quiconque oserait s'écarter de ses devoirs. Elle dit au pouvoir et aux fonctionnaires publics : si vous sortez des limites de la loi, si vous faites une injustice qui arrive à ma connaissance, je le dirai à tout le monde; et qui ne craint pas la publicité donnée à une injustice?

Exprimer librement sa pensée, la publier d'un bout à l'autre par la voie de la presse quotidienne, voilà l'ame de la civilisation. Par la presse, on peut, sans quitter sa maison, être au courant de tous les événements.

La lecture des journaux est devenue un besoin, une nécessité, dans les villages, comme dans les villes. Honneur et gloire aux hommes qui dirigent consciencieusement les journaux, qui ne sont animés que du bien public. La liberté de la presse constituera un jour le droit public de toutes les nations civilisées. Si elle présente de grands inconvénients, elle a des avantages immenses, incontestables; mais elle doit être un instrument civilisateur et non un brandon de discorde, propageant le désordre et la destruction de l'ordre social; elle ne doit pas être pour les journalistes une arène de scandale, de calomnie, une pure spéculation d'argent; mais l'image de la vérité.

Honneur à la presse, mais honneur d'abord à la nation, au peuple, à la conservation; respect aux lois, à la justice, à la probité publique, au droit commun, à l'égalité devant la loi; pas plus de privilége pour la presse que pour un particulier.

Elle doit être avare d'attaques personnelles, et très réservée quand il s'agit de l'ordre et des lois du pays; entre les lois et la liberté, il y a quelque chose qui n'appartient à personne et que la presse est portée à usurper. Entre le droit et l'abus, il y a *une roche tarpéïenne politique.*

Une partie des journaux fait un usage dangereux de cette liberté; ils se proclament les protecteurs du peuple: ils flattent et excitent les passions, recherchent la popularité, égarent le public par des mensonges ou des principes anti-sociaux; ils cherchent à tout prix le nombre de 30 à 40,000 abonnés.

Ces journaux ne respectent rien, ils veulent renverser ce qui se trouve sur leur passage: depuis dix ans, ils répètent tous les jours que la France est mal gouvernée.

Ils fouillent dans la vie privée des hommes qui les gênent dans leur système anarchique. Si l'on rendait publique la liste des noms et qualités de tous ceux qui écrivent dans les journaux des oppositions et qui veulent s'arroger le droit de gouverner la France, ils perdraient un grand nombre de leurs abonnés.

Pour juger de la bonne foi des journaux qui ont fait de l'opposition sous tous les ministères, il faut se rappeler qu'ils se sont loués ou donnés au ministère du 1er mars, dont le chef, M. Thiers, a signé les lois de septembre, qu'ils combattent à outrance. Avant le 1er mars, ils l'ont abreuvé d'amertume ; ils l'ont signalé tous les jours au mépris public ; maintenant, ils approuvent tous les actes de leurs ex-ennemis. Cependant M. Thiers n'a pas changé son système politique ; la question de la guerre n'est arrivée que le 15 juillet.

Il est à remarquer, que le lendemain de la chute de M. Thiers, ils ont repris leur ancienne profession : ils ont fait de l'opposition. Or, il est évident que ces journaux ont changé de couleur en faveur de la personne de M. Thiers : c'est à leurs abonnés et au public à juger de leur bonne foi.

La presse devrait être comme un miroir, et ne refléter que la vérité ; mais une presse licencieuse, anarchique, qui veut désorganiser à son profit l'ordre social, est une épidémie. Les articles incendiaires des journaux ne sont pas étrangers aux nombreuses tentatives d'assassinats contre le Roi par de vils assassins ; la presse provoque et exalte les passions qu'elle a fait germer ; elle mine le repos et l'ordre, elle fomente la guerre civile, jette dans les ateliers et dans les rues des écrits régicides. Est-ce à dire que la liberté de la presse soit un mal ? Non : mais son débordement révolutionnaire et anarchique exige des lois de répression efficaces ; c'est le vœu de la France, il est du devoir du Gouvernement d'y faire droit et d'examiner encore une fois cette importante question.

La presse hostile parle toujours au nom de la France et du peuple, comme si elle en avait la mission ; c'est au nom du peuple, que les oppositions veulent arriver à la désorganisation. Pauvre peuple ! que de mandataires sans mandats ! On abuse de ce nom de peuple, qui a repoussé toutes les oppositions dans les quatre élections générales de 1831, 1834, 1837 et 1839. Tout ce grand peuple des journaux se compose d'une bien faible minorité.

Le peuple doit se méfier de ceux qui le caressent ; on lui jette de l'encens avec les mots dignité, honneur national ; c'est de la graine révolutionnaire qu'on veut faire germer dans la force matérielle de la nation.

Il ne faut pas que les étrangers jugent de la France par les opinions d'une presse scandaleuse et provocatrice : cette presse n'exprime que les opinions des rédacteurs : ils ne veulent que des abonnés et de l'influence. Nous avons déjà dit qu'ils changent facilement de conscience politique.

DU JURY.

L'art. 7 de la Charte a consacré la liberté de la presse, et l'art. 69, § 1er, l'application du jury aux délits politiques et aux délits de la presse.

Le législateur ne pouvait prévoir l'abus qu'on en ferait. Assurément, avec toutes nos libertés, on ne pouvait s'attendre à une opposition irascible, ni au débordement de la presse.

Plusieurs lois ont été faites sur la matière, notamment les lois de septembre 1835 : ces lois contre lesquelles l'opposition se récrie tant, sont demeurées inefficaces.

La Chambre des députés et tous les bons esprits ont

pensé que le jugement par jury des délits de la presse et des délits politiques, était une puissante garantie contre les écarts de la presse : on ne pouvait pas avoir l'idée qu'il s'élèverait une puissance qui voudrait imposer à la France ses principes anti-sociaux. Il semblait qu'il n'y aurait pas de doute sur la possibilité de réunir toutes les opinions en faveur d'une monarchie avec des institutions républicaines, et de satisfaire la France, à l'exception des légitimistes, parti si peu considérable, qu'on pouvait n'y pas faire attention. Il n'en est rien : contre toute probabilité, contre les plus sages prévisions, le contraire est arrivé. A peine six mois s'étaient-ils écoulés depuis la Révolution de Juillet, que la presse a commencé ses provocations, et n'a cessé à exciter les haines et les passions politiques ; on dirait même que la révolution, loin de satisfaire les exigences, les a augmentées.

Celui qui, avant le 25 juillet 1830, aurait dit que MM. Berryer, Garnier-Pagès, Dupont (de l'Eure), Mauguin, Guizot et autres, voteraient ensemble et se coaliseraient, sans autre but que de renverser un ministère, comme n'ayant pas assez d'énergie gouvernementale, ne couvrant pas assez la royauté contitutionnelle de Juillet, aurait été pris pour un insensé, on l'aurait envoyé à Charenton, et pourtant, il aurait dit la vérité.

La presse a eu la plus large part à la Révolution de Juillet : cependant elle ne se croit pas assez indemnisée ; elle voudrait dominer.

L'application du jury aux délits de la presse et aux délits politiques est juste, rationnelle : le jury prononce un vrdict en conscience politique ; c'est une garantie que d'être jugé par ses pairs ; c'est d'ailleurs la conséquence des institutions républicaines. Eh bien! l'expérience a prouvé qu'on s'était également trompé sur ce point: le jury, c'est le jugement de douze citoyens; ce jugement ne donne aucune garantie, ni au gouvernement, ni à la nation, ni aux accusés, et le but qu'on s'est proposé en 1830, est complètement manqué sous tous les rapports.

Dans les premières années de la Restauration, le jury était aussi appelé à prononcer dans les délits de la presse: le fameux acquittement de Saint-Simon, bien qu'à une faible majorité, en a signalé le danger, et, plus tard, une loi a retiré au jury son intervention dans les délits politiques et de la presse. Son intervention, pour cette espèce de délits, serait peut-être efficace, après qu'une génération aura amorti les exigences, naturellement plus grandes dans les premiers temps qui suivent une révolution populaire, et lorsque l'éducation du peuple sera plus avancée, je dis peut-être, parce que ce temps fait disparaître les intérêts personnels; on ne voit que le présent, et l'on oublie le passé. Mais le lendemain d'une révolution, l'application du jury est inefficace: toutes les passions politiques sont encore en fermentation, l'opposition et la presse jettent de l'huile sur le feu pour l'alimenter.

Toutes les lois qu'on a faites sur la matière, même les lois de septembre 1835, ne peuvent pas détruire le principe; on ne peut pas rayer le § 3 de l'art. 69 de la Charte. On a fait et l'on fait encore grand bruit des lois de septembre; les neuf dixièmes de la population en ignorent l'existence; les bons citoyens ne les redoutent pas; elles n'effraient que la mauvaise presse, les régicides et les émeutiers.

Les législateurs ont confondu l'institution du jury prononçant sur des crimes, avec le jury appelé à prononcer sur les délits politiques et les délits de la presse : le jury qui prononce sur les crimes, est une garantie pour la société : un assassin, un voleur, un faussaire, sont des criminels chez toutes les nations, même non civilisées : un Chinois, un Turc, pourraient faire partie d'un jury français, parce qu'un crime en France est un crime en Chine et en Turquie. La société a le droit de retrancher de son sein le voleur, le faussaire et l'assassin. Il n'en est pas de même du jury politique; là le principe de moralité n'est pas aussi généralement déterminé : les crimes et les délits politiques ne sont pas réputés tels chez toutes les nations; il en est des opinions politiques, comme des croyances religieuses: chacun trouve sa politique la meilleure.

Le jury est un tribunal souverain; il peut s'écarter du texte de la loi; ce que l'un regarde comme un crime ou un délit est aux yeux de l'autre une vertu, et il ose l'avouer comme tel, sans être arrêté par le point de droit ou par l'évidence. Quand le jury a dit : c'est ma conviction, tout est dit; les voix se comptent; le chef du jury déclare, au nom de la majorité, que l'accusé est ou n'est pas coupable.

Nous avons vu une déclaration du jury qui a soulevé l'indignation de la France entière et même de l'Europe; cette déclaration a dû faire perdre à tous les gouvernements l'envie de mettre l'intervention du jury dans les délits politiques.

Le jugement par jury n'est absolument que l'expression d'une majorité politique de douze personnes pour la condamnation comme pour l'acquittement; elle ne va pas au-delà et ne doit exercer aucune influence sur les opinions politiques du pays. L'intervention du jury en matière de presse et de politique repose sur un principe évidemment faux : pour juger une cause, il faut la connaître, savoir en apprécier toutes les circonstances, les intentions et la moralité. Or, des citoyens pris au hasard dans la ville, à la campagne, ont-ils tous l'instruction et les connaissances indispensables pour, apprécier un délit politique, pour acquitter ou condamner ? C'est moralement impossible.

On peut admettre la question de bonne foi dans toute sa plénitude ; toutes les opinions politiques peuvent être de bonne foi ; le billet noir comme le billet blanc peut représenter la bonne foi. Ainsi, un jugement politique par jury, c'est l'effet du hasard ; ce n'est qu'un tirage au sort des opinions politiques de douze jurés. Ce jury n'a aucune communauté de principes avec le jury non politique.

Un juré qui aura des opinions régicides ne condamnera pas un régicide ; un républicain ne condamnera pas celui qui aura proclamé la république ; un légitimiste ne condamnera pas celui qui aura proclamé Henri V, et un Napoléoniste ne condamnera pas celui qui proclamera Napoléon II, parce que c'est dans son esprit et dans sa religion politique. Les mêmes principes s'appliquent à tous les délits de la presse : un jury politique ne juge pas ; il ne fait qu'exprimer ses principes et ses convictions politiques.

Je répondrai d'avance à l'objection qu'on peut me faire au sujet des récusations qu'on peut exercer : d'abord les récusations ne sont pas efficaces, parce qu'il peut arriver que parmi les douze jurés restants il se trouve une majorité toute faite ; ensuite les accusés ont un immense avantage dans les récusations. Voici comment : établissons une comparaison qu'on ne saurait attaquer.

La Chambre des députés représente a majorité de toutes les opinions politiques de la France. Supposons qu'elle soit appelée à juger un délit de la presse ou un délit politique, ensemble ou séparément, n'importe, cela ne change rien au principe : si on place les quatre cent cinquante-neuf noms dans une urne, on en retirera trente-six pour former un jury (1); le prévenu en récuse douze, et le ministère public autant, les douze jurés restants prononceront sur le délit. Ici on connaît d'avance l'opinion politique de tous les députés, ainsi on connaîtra d'avance le jugement, et quand bien même on ne connaîtrait pas l'opinion politique des jurés, il n'en demeure pas moins avéré que la majorité des jurés sera sensée représenter la majorité des opinions politiques de toute la Chambre. Eh bien! ce calcul est évidemment faux; car il se pourrait que les trente-six jurés appartinssent tous à une même opinion; les récusations seraient sans effet; et quand bien même les trente-six jurés représenteraient la majorité des opinions de la Chambre, les récusations ne pourraient pas se faire de telle sorte que les douze jurés représentassent la majorité de la Chambre.

Il est donc démontré qu'un jugement par jury n'a aucune importance; il n'exprime ni l'opinion du pays, ni celle du département; il est isolé et circonscrit dans une majorité de douze voix, et ne doit pas aller au-delà.

J'arrive aux récusations :

A Paris, on se connaît moins que dans les départements ; cependant on connaît à Paris l'opinion politique de presque

(1) J'ai indiqué le nombre trente-six pour faciliter la division, ce qui ne change rien au principe.

tous les électeurs; on doit par conséquent encore mieux la connaître dans les départements. Toutes les élections se rattachent à la politique; les électeurs ont souvent occasion de se compter et de se classer; je ne m'occupe que des affaires de Paris, dont je crois avoir une parfaite connaissance.

Les prévenus prennent des informations avec le plus grand soin des opinions politiques et de la position sociale de tous les jurés : ils tâchent de savoir quels sont les journaux auxquels les électeurs peuvent être abonnés; car on appartient ordinairement à l'opinion politique de son journal; ils frappent presque toujours à coup sûr sur leurs ennemis politiques (1).

Le ministère public ne met pas les mêmes soins dans ses récusations; il ne récuse que les hommes d'une opinion évidente; il ne profite pas de tous les avantages de sa position; il rend la partie inégale.

Toutes les fois qu'il y a un délit de la presse à juger à la Cour d'Assises, le ministère public devrait prendre d'avance des renseignements sur la position sociale et l'opinion politique des jurés; ce qui lui serait très facile. Le ministère public est toujours à la Cour d'Assises; il représente la société, qui a des outrages à punir; il doit porter les mêmes soins dans une pareille affaire que dans toutes les autres affaires; il ne peut pas rester neutre, et il ne doit pas se fier à la bonté de sa cause, à son éloquence, ni aux lumières du jury. D'un côté, presque tous les jurés ont un culte politique qu'ils ne changent

(1) Le cadre que je me suis tracé ne m'a pas permis de prendre de plus haut la question du jury.

pas au Palais-de-Justice; de l'autre, l'institution du jury forme une balance qui penche toujours en faveur de l'acquittement.

Le ministère public ne cite pas légèrement les délits de la presse et les délits politiques devant la Cour d'Assises. D'abord, il n'y a aucun intérêt, il n'y a pas de partie civile, et il sait d'avance qu'il lui faut avoir dix fois raison pour obtenir du jury une condamnation, et un acquittement est toujours un échec pour lui.

Bien que le verdict du jury ne soit que l'opinion de la majorité de douze jurés, néanmoins il exerce une influence sur certains esprits; il intéresse la sécurité et la morale publique.

Si le jury montrait plus de sévérité, il rendrait un grand service à la presse; elle serait plus circonspecte et plus sage, et ne s'exposerait pas à des poursuites toujours fâcheuses. En toute chose, et surtout en politique, il vaut mieux éviter des procès, que les gagner.

Dans l'état actuel, les opinions de douze jurés se composent ainsi :

5 à 6 conservateurs prononcés;

3 à 4 de diverses oppositions;

1 ou 2 sans opinion déterminée;

1 ou 2 d'aucune opinion.

On connaît la chaleur et l'énergie des hommes de l'opposition; ils emploient tous les moyens de persuasion : intérêt du peuple, envahissement du pouvoir, dignité, honneur national, sont les mots sacramentaux qu'on fait sonner devant les jurés faibles, sans opinions déterminées, ou qui n'en ont pas du tout; et ils se laissent influencer, tandis que les conservateurs, moins énergiques et plus calmes, gagnent rarement des voix, et le NON-COUPABLE est arraché; le prévenu est acquitté. Voilà la véritable cause de ces nombreux acquittements, dus souvent à une voix, qui se donne au hasard, et une grande question est décidée faute d'éducation politique.

Je suis bien loin de prétendre qu'il faille condamner à tort ou à raison; au contraire, il faut acquitter les erreurs involontaires, les entraînements, les hommes de bonne foi et tous ceux qui ne paraissent pas avoir eu de mauvaise intention. D'ailleurs, le ministère public n'est pas infaillible; il a pu se tromper; mais la loi doit frapper tous ceux qui veulent bouleverser le pays et tous ceux qui excitent à la révolte et à l'anarchie.

Voici quelques verdicts dont je garantis l'exactitude : Dans les premiers temps de la Révolution de Juillet, Paris a été inondé de ces écrits révolutionnaires, destinés à soulever les passions ; rien n'a été respecté : l'indulgence du jury a encouragé ces publications. Au commencement de 1832, a paru le pamphlet le plus abominable; les trois pouvoirs et toutes les autorités ont été insultés : à l'audience, le prévenu a renouvelé ses insultes; il a fait l'apologie des vertus de Robespierre, Marat, Saint-Just, Couthon et consorts; eh bien! le croirait-on, des membres du jury l'ont soutenu, il a fallu de grands efforts pour le faire condamner à une faible majorité.

L'année dernière, un journal légitimiste a été accusé d'excitation à la haine, etc., etc. Les faits étaient aussi clairs que le jour; on ne pouvait pas absoudre sans dire la Seine ne traverse pas Paris. Ce journal a été défendu par le prince des orateurs légitimistes; il fut acquitté, et cet acquittement n'a eu lieu que par suite d'une malheureuse récusation : le ministère public avait récusé un juré qu'il avait cru légitimiste : ce juré est un conservateur, une des notabilités de Paris, par sa fortune, sa moralité, sa position sociale ; à sa place, il est sorti de l'urne un autre nom, honnête homme, mais presque inconnu ; on l'a conservé. Eh bien ! ce dernier est un républicain exalté, il ne s'en cache pas ; il s'est même vanté d'avoir, par sa voix, fait acquitter le journal, et c'est la vérité. Si le ministère public n'avait pas fait cette récusation, le journal aurait été condamné, et certes, il l'aurait mérité.

Un mot sur le mémorable verdict de Strasbourg : Le jury de Strasbourg a déclaré en conscience politique, en face de la France et du monde entier, qu'il fait jour à minuit, et les accusés ont été acquittés ; mais il n'en est pas moins résulté une nuit bien obscure pour toute la France. On ne peut voir dans cette déclaration qu'un fanatisme politique, une vengeance ou tout autre chose qu'on ne peut expliquer ; c'est un verdict contraire à la vérité et à toute morale : on peut dire que le jury a largement usé de sa puissance ; mais il ne faut pas conclure que l'opinion du jury soit l'opinion de la France, ou même du Bas-Rhin, ce n'est absolument que l'opinion de la majorité de douze hommes pris au hasard : le département du Bas-Rhin y est étranger. Je ne connais aucun de ces jurés, mais j'ai la certitude que si on les interrogeait sur leurs opinions politiques, la plupart d'entre eux ne pourraient pas motiver leur verdict. Quoi qu'il en soit, ce jury a placé le pays dans une singulière et unique situation. Le gouvernement est obligé de payer des pensions à des hommes qui sont venus à main armée pour le détruire ; c'est comme si plusieurs hommes venaient démolir de force la maison d'un particulier, et que ce particulier fût condamné ensuite par un tribunal à payer les frais à ceux qui ont abattu sa maison. La postérité regardera ce jugement historique comme une fable.

Je le répète : les récusations sont de la plus haute importance, et quoi qu'il arrive, on ne doit en attacher aucune au verdict du jury, malgré le soin que prennent toujours les journaux hostiles de s'emparer d'un acquittement pour égarer l'esprit public. La critique scandaleuse plaît au public ; or, les journaux de l'opposition spéculent sur le scandale. Quelques actionnaires de ces journaux ont une fortune assurée; ce sont des rentes bien payées. Eh bien ! ces rentes ne s'obtiennent qu'au moyen d'un peu de vérité et de beaucoup de scandale (1).

L'opposition de la presse est une nécessité du gouvernement constitutionnel, mais il faut l'arrêter quand elle va trop loin, sinon elle envahirait jusqu'à nos pensées.

Si on examinait les journaux de l'opposition depuis juillet 1830, on y verrait des contradictions évidentes et curieuses. L'esprit et l'essence de ces journaux rend ces contradictions inévitables. Leur système est de faire de l'opposition ; l'opposition est leur vie; on ne peut donc reconnaître dans leur polémique, une saine et praticable critique : c'est sous ce point de vue que leurs lecteurs devraient les envisager.

Je dirai, avec franchise et loyauté, que l'opposition a

(1) Picard dit, dans une de ses comédies : *Pour faire une fortune bien sûre, lancez-vous dans les fournitures*; on peut dire aujourd'hui : pour faire une fortune bien sûre, faites-vous danseur, chanteur ou journaliste.

rendu de grands services, et elle pourrait en rendre tous les jours; on aime entendre un avocat plaider en faveur des intérêts publics; mais il faut qu'il soit consciencieux et qu'il ne cherche pas à exciter les passions et provoquer le désordre.

Depuis dix ans, l'opposition n'a cessé de harceler tous les ministères; il n'y a que le belliqueux ministère Thiers qui a trouvé grâce devant elle, le jour où il a abjuré ses principes politiques, pour se jeter dans les bras de la Révolution.

Ce serait une chose à la fois curieuse et utile, que de réunir en un recueil tous les articles politiques des journaux de l'opposition depuis 1830.

La lecture de ces fausses prophéties convertirait le plus grand nombre de leurs abonnés, et probablement les journalistes eux-mêmes.

Jamais, à aucune époque, la part des journaux n'a été si belle; jamais ils n'auraient pu rendre plus de services s'ils n'abusaient pas de la liberté de la presse, s'ils restaient dans les justes limites.

Les rédacteurs comptent sur l'indulgence du jury; c'est cette impunité qui tuera la presse.

Il lui arrive ce qui arrive à presque tous les pouvoirs et à tous les hommes : lorsqu'ils sont trop forts, ils abusent de leur force : ils s'affaiblissent insensiblement sans s'en apercevoir jusqu'à leur chute.

Les lois existantes contre les écarts de la presse sont insuffisantes; la société a le droit d'exiger du Gouvernement des lois qui puissent la protéger contre une puissance qui porte le trouble dans le pays. Quand un rédacteur est condamné à la prison, il a des hommes loués d'avance qui vont en prison pour lui; sa caisse ne manque pas l'argent pour payer les amendes; de telle façon que les ois ne peuvent jamais atteindre les chefs véritables.

Plusieurs journaux sont rédigés par des ennemis avoués lu pays; d'autres sont au pouvoir des étrangers.

Le prince Louis-Napoléon était propriétaire d'un jour-ial de l'opposition; on ne peut se méprendre sur le but qu'il se proposait : des Français ont prêté leur main à la ublication de cette feuille. Il est bien à regretter que ce rocès, qui nous promettait des révélations scandaleuses it été étouffé : si le public eût connu le véritable pro-riétaire, il n'aurait été lu que par les bonapartistes.

Plusieurs moyens de répression ont été indiqués : les ins pensent qu'un journal gouvernemental à bon marché ourrait contrebalancer les mauvaises doctrines de la resse hostile : d'autres, que des colonnes réservées dans ous les journaux, pour répondre à toutes les attaques, ourraient détruire toutes les impressions dangereuses; ils oudraient aussi que les articles politiques fussent signés e leurs auteurs, parce qu'une signature n'indique qu'une pinion personnelle, qu'on peut réfuter le lendemain.

Ces moyens n'atteindraient nullement le but : un jour-al gouvernemental ne serait lu que des amis de l'ordre t de la conservation; il ne serait pas lu par ceux qui sont e l'opposition. Le public croit que tous les journaux ouvernementaux sont payés par le Gouvernement, et u'ils n'expriment que sa volonté : on leur prête aussi intention d'empiéter sur les libertés, tandis que les jour-aux de l'opposition flattent le peuple et critiquent à tort u à raison tous les actes du pouvoir, ce qui leur donne avantage sur les journaux du Gouvernement.

Les articles politiques signés par leur véritable auteur, seraient une fiction : un gérant a mille et un noms d'emprunt, connus et inconnus, à sa disposition : les colonnes réservées feraient d'un journal une gazette des tribunaux politique entre le Gouvernement et une signature, souvent inconnue : ces insertions entraîneraient de grandes dépenses.

Il serait contraire à la dignité d'un Gouvernement de plaider tous les jours contre des inconnus. Il y a une question préjudicielle qui domine toutes les autres ; la voici :

Le Gouvernement, c'est le ministère ; un changement de ministère est souvent un changement de système politique. Le ministère Thiers n'a pas combattu les journaux de l'opposition ; bien au contraire, il les a encouragés.

Il est difficile de trouver un moyen légal de répression, mais ce n'est pas impossible ; toutefois une répression énergique est indispensable, elle est réclamée par la majorité électorale.

Le moyen le plus simple serait d'augmenter les pénalités et de rendre les amendes plus considérables ; les journaux deviendraient plus circonspects, il y aurait moins de délits et par conséquent moins de jugements par jury : une sage loi répressive rendrait le plus grand service à la presse elle-même, en la maintenant dans ses limites.

Une opposition sage a des droits à l'estime publique ; une opposition passionnée, exaltée, perd sa considération.

Passionné plus que personne pour la liberté de la presse dans toute son acception, j'en déteste aussi plus que personne les écarts qui sapent l'ordre social. Si mes faibles paroles pouvaient être bien comprises; si elles pouvaient percer au travers de ces noirs nuages politiques et arriver au sanctuaire législatif, l'avenir prouverait à la presse hostile que j'ai voulu lui rendre un grand service; elle retrouverait la confiance publique et cette grande considération qui doit être attachée à sa haute mission. La France est le pays le plus libre du monde; les hommes qui, par leurs écrits, veulent bouleverser ses institutions sont de mauvais citoyens.

CHAPITRE IX.

MODIFICATION, RÉFORME ÉLECTORALE.

Toutes les lois humaines sont imparfaites : une longue expérience (dix ans) doit faire reconnaître les imperfections des lois. Lorsqu'on a reconnu les imperfections, les modifications deviennent un devoir : l'humanité, la justice et l'ordre social l'exigent.

Les lois politiques sont subordonnées aux événements et aux circonstances : avant tout, il faut que les lois puissent protéger la vie, la propriété et les droits de tous les citoyens. Un gouvernement constitutionnel est un gouvernement de majorité de droit : l'ordre social est basé sur un gouvernement de fait. Toutes les lois doivent concourir au bien public : une loi est bonne, lorsqu'elle favorise les intérêts généraux, c'est-à-dire les intérêts du plus grand nombre.

La loi électorale, en France, est la mère de toutes les lois : c'est elle qui engendre la Chambre des députés, et la Chambre, avec le concours des deux autres pouvoirs constitutionnels, fait toutes les lois de l'État.

La loi électorale supporte tout l'édifice du gouvernement constitutionnel : elle exerce la plus grande influence sur la destinée du pays, si la majorité des opinions parmi les électeurs est censée se trouver dans la Chambre.

Toute la France électorale se trouve dans la Chambre : en effet, les électeurs font les députés ; la majorité des députés fait les ministres, et le ministère ne peut gouverner que dans le système politique de cette majorité.

Pour être un bon électeur, il faut avoir une opinion formée, une éducation politique faite, avoir la conscience de ses actions et être bien pénétré de sa haute mission.

Électeurs ! comprenez bien votre position : il ne tient qu'à vous de faire du gouvernement de France un gouvernement modèle, donnant le bonheur et la prospérité.

Écoutez-moi, je vous parle avec conviction, c'est chez moi le fruit de longues études sur la matière : je n'ai aucun motif de vouloir vous égarer.

A chaque élection générale, les partis sont en présence, comme deux ennemis à la veille du combat ; la France est en alarmes et l'Europe est sur le *qui vive*, jusqu'à ce qu'on connaisse le résultat de cette bataille électorale.

A la suite de cette bataille, arrivent les combats des députés entre eux : c'est là qu'on reconnaît la majorité parlementaire, ou la majorité de la souveraineté du peuple. Il est à remarquer que les électeurs se trompent souvent sur l'opinion politique du député qu'ils nomment : ou le député change d'opinion, ce qui est souvent arrivé (1) ; dans ce cas, le collége électoral qui l'a nommé, n'est réellement pas représenté à la Chambre. Assurément, cet état de choses ne peut durer ; une modification est indispensable, urgente, dans l'intérêt de tous.

La loi actuelle, malgré les bonnes intentions de ses au-

(1) Voy. le Chapitre X.

teurs, a été faite sous l'influence d'une révolution : on a voulu donner des garanties à tous les partis : on voulait contenter tout le monde. L'expérience a prouvé que cette loi est incomplète et inefficace : elle porte le germe de l'anarchie. Les discours à la Chambre, les animosités des partis, sont une preuve de ce que j'avance.

La cause se trouve-t-elle dans les électeurs, dans les éligibles, ou dans les élus ? C'est un problème difficile à résoudre ; il est certain que le mal existe, et qu'on doit chercher à le faire disparaître, s'il est possible.

La grande liberté dont jouit la France, depuis dix ans, est sans aucune comparaison dans le monde : la paix si nécessaire à la civilisation et au développement de l'industrie, a augmenté les richesses publiques : un gouvernement doux et paternel, qui ne gouverne que par les lois, n'a pu amortir les passions, ni éteindre le fanatisme politique.

On ne peut faire une bonne loi que lorsque le pays est calme et qu'aucune influence ne peut troubler l'esprit du législateur : la tranquillité, la maturité, une grande liberté de conscience et d'opinion, doivent présider à ses méditations.

Bon nombre d'électeurs ne connaissent pas l'immensité du pouvoir qu'ils donnent à leurs mandataires : ils ne comprennent pas qu'ils leur mettent entre les mains leur fortune, et quelquefois leur vie et celle de leur famille. Ce n'est que lorsque les électeurs auront une idée nette de leur action politique, que la souveraineté électorale sera véritablement représentée à la Chambre.

Le député exerce la souveraineté du peuple par délégation ; il peut, par son vote, décider indirectement l guerre ou la paix; chaque député est un 459e de l'un des trois pouvoirs constitutionnels. Un grand nombre d'électeurs et non-électeurs confondent les lois civiles avec les lois politiques; une égalité parfaite existe dans les lois civiles, elle ne peut exister dans les lois politiques, comme nous le verrons plus loin.

Tandis que toutes les branches d'enseignement se sont développées, l'éducation politique des électeurs, si nécessaire pour le présent et l'avenir, a été négligée. Cependant le Gouvernement aurait dû employer tous les moyens légaux pour former l'éducation politique des électeurs.

Napoléon a mieux compris sa position; il avait besoin de soldats, et toujours de soldats, rien que des soldats: et il a introduit le tambour et le maniement des armes dans les lycées, pour disposer les élèves au goût militaire.

La France a besoin de bons électeurs et de bons députés, enseignez aux élèves les devoirs de l'électeur; on gravera ainsi dans leur cœur un esprit de sagesse et d'obéissance aux lois, et on n'aura plus à redouter ces insubordinations de collége. C'est de quinze à vingt ans que l'esprit de la jeunesse commence à se former; de vingt à trente, il se développe; il est d'une bonne politique de ne pas se laisser surprendre par le temps.

Ouvrez, à Paris et dans les départements, des cours publics où l'on enseignera les devoirs politiques. Ayez des missionnaires pour former l'esprit public; ne vous écartez pas de la légalité; ne laissez pas d'aliment à la malveillance et aux désorganisateurs, qui vous traduiraient devant les tribunaux populaires et révolutionnaires.

Il ne s'agit pas ici d'un monopole, mais d'enseigner l'esprit de la loi politique comme on fait pour les autres lois.

Il faut enseigner la loi électorale et les conséquences qu'elle doit avoir pour le choix des députés.

La grandeur et la décadence de la France résident dans l'éducation politique électorale.

Je transcris un passage du discours que M. Fould a prononcé à la séance du 5 avril 1841, dans la discussion sur l'exclusion des fonctionnaires publics salariés.

Extrait du discours de M. Fould.

« Aux dernières élections politiques, sur 201,000 » électeurs inscrits, il ne s'en est présenté que 165,000, » ou environ 82 pour cent; aux élections des conseils- » généraux, dont le cadre électoral est un peu plus » étendu, sur 210,000 inscrits, il ne s'en est présenté » que 140,000, soit 70 pour cent; pour les élections mu- » nicipales, sur 2,880,000 inscrits, il ne s'est présenté que » 1,580,000, ou 55 pour cent; aux précédentes élections, » la proportion avait été environ de 56 pour cent.

» Voulez-vous savoir maintenant ce qui est arrivé » pour la garde nationale? En 1837, sur 19,566 com- » munes, il y en a eu 12,822 dans lesquelles il s'est pré- » senté un tiers au plus des électeurs; 4,851 dans lesquelles » il ne s'est présenté que le quart; 1,185, dans lesquelles » il s'est présenté 1/6e, et 708 dans lesquelles il en est » venu le 10me; en 1841, dans 13,416 communes, il ne s'est » pas présenté plus du tiers des gardes nationaux; dans

» 3,693 communes, pas plus du quart ; dans 640, pas » plus du 6e, et dans 285, pas plus du 10e..

» Vous savez, Messieurs, que les magistrats consulaires » sont élus chaque année par renouvellement ; les élec- » teurs sont pris parmi les principaux commerçants, » qu'on appelle les notables; leur nombre est de huit cents ; » eh bien ! Messieurs, souvent on n'a pas pu réunir le tiers » des électeurs, et on s'est vu obligé d'ajouter à la loi un » article pénal qui porte : que le notable qui aura manqué » aux élections pendant deux sessions successives, sera » rayé de la liste des électeurs.

» Les fonctions de membre du conseil-général sont cer- » tainement celles d'une haute magistrature et surtout à » Paris : eh bien ! récemment, dans le deuxième arrondis- » sement, la convocation des électeurs a été deux fois » inutile.

» De ces faits, que vous connaissez tous, se tirent » deux conséquences : la première, c'est qu'on n'a pas » besoin de nouvelles libertés; la seconde, c'est qu'à » mesure que le cens s'abaisse, l'indifférence augmente » (*rumeurs à gauche*). Les faits sont là, Messieurs ; ils par- » lent plus haut que toutes les rumeurs. Je vous le de- » mande, y a-t-il élection plus importante pour l'habitant » d'une commune, que l'élection de son conseil muni- » cipal? Pour la garde nationale, est-ce que nous n'avons » pas le plus grand besoin de savoir quel sera l'officier qui » doit nous mener au danger? Cependant vous avez vu » que bien peu d'électeurs, dans ces deux dernières élec- » tions, sont venus déposer leur vote. Je dis donc qu'a- » vant de demander des capacités nouvelles, il faut d'a- » bord savoir remplir celles qu'on tient de la loi. (Très

» bien! très bien!) Quand, en 1830, on demanda l'ex-
» tension des droits électoraux, le nombre des électeurs
» s'élevait à peine à 94,000; mais depuis cette époque, et
» tous les ans, ce nombre a augmenté. Je vous ai dit tout-
» à-l'heure que ce nombre aujourd'hui était de 210,000.
» Que si, par suite du morcellement des propriétés ou par
» toute autre cause, vous voyez diminuer le nombre des
» électeurs, alors le temps sera venu de semblables propo-
» sitions, si l'administration bien avisée ne vous précède
» pas elle-même dans cette voie. »

« (Ce discours, qui a paru faire une vive impression
» sur la Chambre, est suivi de marques nombreuses d'as-
» sentiment). »

M. Fould a signalé, par des chiffres incontestables, l'indifférence des électeurs ; mais il aurait aussi dû signaler l'indifférence des élus, c'est-à-dire, de la Chambre dont il est membre. Ce serait à la Chambre de donner l'exemple aux électeurs, et de modifier son réglement intérieur, afin qu'on puisse constater la présence des députés à la Chambre.

Les députés font des lois pour les électeurs; ils devraient consciencieusement en faire aussi pour eux-mêmes.

Dans la séance du 5 avril, lors du vote sur l'exclusion des fonctionnaires publics, il s'y est trouvé 373 votants, la proposition a été rejetée à la mojorité de 33 voix.

Ce nombre constate deux choses : l'une, que cette loi avait non-seulement un grand intérêt pour le pays, mais qu'elle avait aussi un intérêt personnel pour un grand nombre de députés; l'autre, elle constate la présence d'au moins 373 députés à Paris. Eh bien! le 2 avril, le nombre des votants n'était que de 262, et on a voté sur la loi de la propriété littéraire, loi très importante, qui a été discutée pendant quinze jours. Le lendemain, 3 avril, il s'est engagé une vive discussion sur l'appel nominal ; après deux vérifications, il a été reconnu que la Chambre n'était pas en nombre. Le surlendemain de la présence de 373 députés (le 8 avril), le nombre des votants n'était que de 235 ; ce nombre n'a presque pas augmenté jusqu'à la fin de la session.

M. Fould aurait bien dû rappeler aux députés leur devoir, comme il l'a rappelé aux électeurs ; le juste reproche qu'il leur a adressé de ne s'être pas présentés aux élections, s'applique également aux députés qui n'assistent pas aux séances.

M. Fould se plaint, avec raison, des électeurs qui ne remplissent pas le devoir qui leur est conféré par la loi ; les électeurs, à leur tour, peuvent se plaindre de l'inexactitude des députés à remplir un devoir qu'ils tiennent des électeurs et de la loi.

Un député sollicite les électeurs ; il leur fait des promesses ; il leur fait pour ainsi dire un serment public ; il devrait d'autant plus être exact à remplir ses promesses ; alors il serait en droit de se plaindre de l'inexactitude des électeurs, et il serait écouté. Mais voyez le petit nombre des députés journellement présents à la Chambre ; voyez ces menaces fréquentes de l'appel nominal, sans aucun succès ; parce que les absents sont trop nombreux et qu'il n'y a pas de pénalité. Les noms des électeurs qui ne viennent pas voter sont connus, mais on ne peut connaître les noms des députés absents. L'indifférence des députés est beaucoup plus coupable que celle des électeurs.

Il existe deux grandes lacunes dans la loi électorale :

1° On n'a pas appliqué de pénalité aux électeurs qui ne viennent pas voter;

2° On n'a pas écrit dans la loi les devoirs du député.

L'électeur a trois grandes responsabilités :

1° Envers le pays; 2° envers les autres électeurs; 3° envers les non-électeurs.

1° En ne se rendant pas aux élections, l'électeur fait acte de mauvais citoyen;

2° Par suite de l'absence d'un grand nombre d'électeurs, on ignorera quelle est la véritable majorité du collége, et le choix pourrait être tout différent si les absents étaient venus voter;

3° L'électeur tient un privilége conféré par la loi; il est moralement le mandataire des non-électeurs; il en stipule les intérêts. Or, c'est manquer à la probité publique, c'est manquer au devoir d'honnête homme, que de ne pas se présenter exactement au collége électoral. Une pénalité contre les électeurs qui n'y viennent point est indispensable.

Un député a aussi de grands devoirs à remplir; les électeurs lui confèrent un mandat illimité, un blanc-seing; il est chargé de discuter et de défendre leurs intérêts. Si donc il ne venait à la Chambre que pour prêter serment, qu'il se retirât ensuite pour ne faire que de rares apparitions, le collége qui l'a nommé ne serait pas représenté, ce qui est souvent arrivé dans la dernière session. On verra à l'article de la *Chambre des députés*, combien de mandataires du pays, par leurs fréquentes absences, n'ont pas répondu à la confiance des électeurs.

L'homme qui accepte et souvent sollicite ardemment la députation, qui fait même des sacrifices pour y arriver, contracte l'obligation d'être exact à son poste ; cet homme doit toujours voter selon sa conscience, et ne s'absenter que pour des causes légitimes.

Un électeur est un juré national ; la loi l'a désigné pour choisir le représentant du pays ; l'électeur est membre d'une cour de justice électorale, sa présence y est indispensable : la loi doit le forcer à s'y présenter pour voter. Il faudrait donc appliquer aux électeurs absents sans motifs, la pénalité qui frappe le juré absent de la Cour d'Assises, malgré la facilité qu'on a de remplacer un juré par un autre juré. Une pénalité devrait même atteindre l'électeur qui, après un avertissement de l'autorité, ne se ferait pas inscrire sur la liste des électeurs. Les fonctions de l'électeur sont infiniment plus importantes que celles du juré.

Un électeur vote pour tous ceux qui ne paient pas le cens de 200 fr. ; il vote pour les veuves et les orphelins, pour tous les mineurs, enfin pour toute la France. Une pénalité devrait donc atteindre l'électeur absent du collége sans motifs légitimes. Son absence devrait être affichée dans la salle du collége et aux portes des églises. Il doit être signalé à ses concitoyens comme un homme sans patriotisme et comme un mauvais citoyen.

On a négligé jusqu'ici de faire comprendre aux électeurs l'importance de leurs fonctions. Ce manque d'empressement et de zèle de leur part, vient de l'imperfection de leur éducation politique.

J'exhorte tous les électeurs à voter, parce que j'ai la conviction que les plus apathiques, les plus insouciants sont, des conservateurs. Contents de leur position et de ce qui existe, ils ne voient pas le danger qui les menace : tandis que les électeurs de l'opposition sont remuants, ardents et zélés ; pas un d'entre eux ne manque à l'appel. Cette activité leur a fait gagner plus d'une bataille électorale, comme les conservateurs l'ont perdue par leur mollesse. Il y a des électeurs qui ne voient le feu dans leur maison, que lorsque les flammes entrent par la porte.

Je connais plusieurs électeurs conservateurs, rentiers, industriels, fonctionnaires publics : les uns ont négligé de se faire inscrire, les autres n'ont pas voulu se déplacer pour aller voter ; chacun de ces insouciants a pensé qu'une voix de plus ou de moins ne ferait rien à la chose publique. Ceci prouve bien la nécessité d'obliger les électeurs à se faire inscrire eux-mêmes sur la liste électorale, et de les obliger de voter.

Si l'on pouvait se compter par la qualité et le nombre, la question serait bien vite décidée : on a vu, dans la coalition, que toutes les oppositions réunies ont été inférieures au nombre des conservateurs, et dans ce chaos politique, il s'est trouvé un grand nombre de conservateurs qui ont été entraînés. La majorité est évidemment acquise aux conservateurs, dès qu'ils veulent se montrer.

Si on allait, de maison en maison, chez tous les électeurs, pour leur expliquer les avantages de nos institutions sur celles de tous les autres gouvernements du monde civilisé, et si l'on faisait comprendre aux électeurs le mécanisme du gouvernement constitutionnel, l'influence que leur vote peut exercer sur sa conservation, il y aurait des électeurs qui seraient honteux, les uns, de leur indifférence; les autres, de s'être laissés entraîner dans l'opposition.

Je ne crains pas d'affirmer que, abstraction faite des passions politiques et des intérêts privés qui ne peuvent entrer en ligne de compte, il y aurait une majorité de 4/5 en faveur des conservateurs (1).

L'opposition pourra contester ces calculs, parce que tout ce qui ne peut se prouver mathématiquement est contestable; mais j'en appelle à la raison et au bon sens du grand public, et surtout des électeurs, qui attesteront la vérité de ce que j'avance.

La France est essentiellement conservatrice: il faut lui donner les moyens de le prouver.

On peut conclure de ce qui précède, que la majorité flottante, tracassière et incertaine de la Chambre des députés, n'est pas toujours une majorité de vérité électorale, et que le Gouvernement est souvent livré à une majorité de circonstance, et, jusqu'à ce que les électeurs envoient à la Chambre au moins trois cents conservateurs, sages, modérés et bien prononcés, il n'y aura pas de stabilité gouvernementale en France.

Dans toutes les assemblées politiques, il est indispensable qu'il y ait des lois et des réglements: ils servent

(1) Le gouvernement possède la liste des électeurs qui n'ont pas voté : il lui serait facile de savoir à quelles opinions appartiennent ces électeurs, car, à chaque élection, les partis se comptent d'avance : si l'on ne peut faire un compte exact, on peut du moins en approcher.

au maintien des droits de chacun, et empêchent le débordement des passions politiques.

La Chambre des députés est composée d'éléments divers, de tant de nuances politiques, qu'une majorité franche, nationale et conservatrice, est presque impossible actuellement. Je reviendrai sur ce sujet : en attendant, je prie toutes les oppositions de m'écouter.

Je suis conservateur par conviction : je ne condamne pas tout ce que vous faites, ni tout ce que vous proposez : je suis même d'accord avec vous sur deux questions immenses. Par la première, vous demandez et faites demander par tous ceux qui suivent votre bannière une réforme électorale, ce qui est pour vous le lévier d'Archimède, avec lequel vous prétendez soulever la France : la seconde est le complément de la première : un traitement aux députés.

Moi aussi, je demande la réforme électorale ; moi aussi, je demande un traitement pour les députés : le vôtre est trop faible, le mien est plus digne de la représentation nationale. Mais moi, je ne demande pas la réforme électorale pour déplacer la majorité, ni pour bouleverser l'État; je demande une modification électorale, pour établir l'équilibre des trois pouvoirs et consolider le Gouvernement.

Le nombre des électeurs augmente annuellement et progressivement :

1° Par les héritages ;

2° Par la division des propriétés ;

3° Par l'augmentation de la population ;

4° Par la conservation de la paix ;

Par la paix, l'industrie et le commerce se développent, les ouvriers deviennent contre-maîtres et maîtres, les artisans prospèrent ;

5° Le nombre augmente enfin par la diminution de la valeur et de l'intérêt de l'argent. On me comprendra facilement, si l'on veut se reporter à vingt ans en arrière, et en comparant ce que valaient alors 200 fr., et ce qu'ils représentent aujourd'hui.

La guerre et les troubles intérieurs produiraient l'effet contraire : le nombre des électeurs diminuerait ; la guerre ruine le commerce et l'industrie, elle augmente l'intérêt de l'argent et réduit le salaire.

La révolution *fortunière* est en permanence en France ; si un électeur perd ses droits, un autre les retrouve ; il n'y a pas un artisan laborieux qui, avec de l'ordre et de l'économie, ne prospère et ne puisse devenir électeur.

La France, je le répète, n'a rien à désirer en fait de liberté : sa législation est au grand complet sur ce point, mais elle a besoin de la conserver ; les modifications que je propose n'ont que cela pour objet. Le nombre des électeurs est suffisant ; le cercle électoral se trouverait élargi par la présence de tous les électeurs et par l'augmentation annuelle, comme je l'ai expliqué ci-dessus.

Lorsque plusieurs générations auront passé sur la Révolution de 1830 ; que l'éducation politique sera faite ; que la royauté aura une profonde racine, et que tous les partis se grouperont autour du trône pour le défendre, comme le font tous les partis en Angleterre, alors seulement si l'augmentation du nombre des électeurs était jugée nécessaire, on pourrait songer à abaisser le cens sans danger pour les libertés publiques.

Voici au reste une liste officielle que tout le monde peut vérifier: elle en dit plus que tous les raisonnements.

TABLEAU COMPARATIF DES ÉLECTIONS DE 1831 A 1839.

JUILLET.	ÉLECTEURS.	VOTANTS.	ABSENTS.	AUGMENTATION.
1831.	166,583 —	125,090 —	41,493 —	
1834.	171,015 —	129,211 —	41,804 —	4,432.
1837.	198,836 —	151,720 —	47,116 —	27,821.
1839.	201,271 —	164,862 —	36,409 —	2,435.
Total	737,705	570,883	166,822	34,688.

Il résulte que depuis 1831, époque de la nouvelle loi électorale, c'est-à-dire dans l'espace de huit années, le nombre des électeurs a augmenté de 34,688, et si le nombre augmente dans les mêmes proportions, dans seize années, il y aura environ 100,000 électeurs de plus qu'en 1831.

En 1831, l'opposition a été satisfaite de 166,583 électeurs.

En 1839, elle n'est pas contente de 201,271 ; elle ne le serait pas de 250,000, ni de 300,000; mais elle se contenterait d'un nombre moindre qu'en 1831, si elle avait le pouvoir.

Il est à remarquer que dans les quatre élections, sur 737,705 électeurs, 166,822 n'ont pas voté, soit 41,700 par élection.

Un mot sur le privilége électoral :

De quelque côté qu'on envisage la question, on ne peut

viter le privilége en matière électorale; comme je l'ai
it plus haut, une parfaite égalité ne peut exister que
ans les lois civiles. Le privilége est dans la nature, les
ommes naissent avec un privilége de force, de santé, d'in-
elligence et de fortune que l'espèce humaine ne peut ré-
ormer; on abaisserait le cens à 150, à 20 et à 5 fr., il y
urait toujours privilége. En effet, celui qui paierait
49 fr. 75 c., 19 fr. 75 c., ou 4 fr. 75 c. serait exclu des
lections, comme l'est aujourd'hui celui qui paie 199 fr.
5 cent.; c'est absolument le même principe.

Je n'ose rien dire du suffrage universel : il a produit
e règne de Robespierre, de Marat et autres; ce sont
les pages sanglantes de l'histoire qu'il faut oublier. Les
nêmes causes produiraient les mêmes effets : la France
ne veut ni ramener l'époque de la chouannerie, ni le des-
otisme des sans-culottes.

L'application des pénalités du jury aux électeurs absents sans motifs légitimes, serait un moyen efficace de
es faire venir aux élections; ce qui augmenterait le nombre
les votants d'un quart, et dessinerait mieux la majorité
électorale et constitutionnelle; car un quart de votants
le plus peut faire sortir de l'urne un autre candidat,
d'autant plus que plusieurs chefs des oppositions n'ont
été nommés qu'à une majorité de quelques voix (1).

L'opposition demande qu'on baisse le cens, et elle demande aussi les adjonctions comme unique moyen de
sauver le pays. L'opposition sait que, pour conquérir
a popularité électorale, il faut savoir lui plaire; la popu-

(1) M. Berryer n'a été nommé qu'à une majorité de sept voix.

larité veut aussi ses courtisans, et les courtisans de tous les partis appliquent leurs opinions à ce qui convient à leur position, sous le masque du patriotisme et de l'intérêt public.

On ne peut faire de nouveaux électeurs sans baisser le cens et admettre les adjonctions : il serait beaucoup plus simple d'obliger les électeurs absents à venir voter, que d'appeler de nouveaux électeurs; rien ne garantit que les nouveaux électeurs seraient plus exacts.

Les électeurs de l'opposition ont un grand avantage sur les électeurs conservateurs : ils sont plus actifs et mieux dirigés par leur parti; tout est feu et enthousiasme chez eux; ils frappent toujours juste, tandis que les conservateurs ne font pas toujours attention aux opinions politiques du candidat; ils ne considèrent que la bonne réputation, la probité et la position de fortune. A leurs yeux, un honnête homme riche ne peut vouloir une révolution; il a, disent-ils, comme nous à conserver. C'est avec ce système que j'ai vu plusieurs conservateurs voter pour un candidat de l'opposition.

Il y a dans ce raisonnement une idée fausse, une ignorance complète : l'électeur fait le contraire de ce qu'il voudrait faire; un mot suffira pour convaincre le lecteur le plus incrédule : jetez les yeux sur la Chambre, vous verrez, dans toutes les oppositions, des députés hommes de probité, d'honneur et possédant de grandes fortunes indépendantes; mais vous, électeurs conservateurs, vous ne voudriez pas leur donner votre voix; eh bien! c'est ce que vous venez de faire en donnant votre voix au candidat riche et honnête homme; vous lui confiez votre mandat, vous lui accordez votre confiance, et vous êtes sûrs d'avance qu'il fera le contraire de ce que vous auriez fait vous-mêmes.

On ne saurait assez recommander aux électeurs conservateurs de s'informer avant tout de l'opinion politique du candidat, et de ne donner leur voix qu'à celui qui promet de voter avec les conservateurs, sans égard à leur père, frère ou ami; l'on a vu en effet des pères voter contre leurs fils, *et vice versâ.* Point de considération de famille en fait d'élection; chacun défend sa religion politique (1), et il y a des honnêtes gens dans toutes les croyances politiques, comme dans toutes les croyances religieuses.

Établissons maintenant une comparaison : Sil y avait un congrès religieux, et que chaque collége électoral eût le droit d'envoyer un député à ce congrès pour y défendre sa religion, chaque électeur donnerait certainement sa voix au candidat de sa croyance religieuse, et non à un député d'une religion différente de la sienne; pourquoi alors voyons-nous quelquefois des électeurs conservateurs donner leur voix à des hommes de l'opposition? Il est reconnu que les électeurs de l'opposition n'agissent ja-

(1) Mirabeau était à la tête de la révolution de 1789, tandis que son frère était un des chefs de l'armée de Condé.

Il existe à Paris une famille très nombreuse, riche et très honorable, qui se compose de républicains, de radicaux de la gauche dynastique, de conservateurs et de légitimistes.

Il y a une autre famille, également nombreuse et riche, dont tous les membres sont conservateurs, et le chef, âgé, riche et fonctionnaire public, est radical : il n'a jamais voulu dire le motif de son opinion : si ce n'est pas du fanatisme, c'est une grande bizarrerie. Je pourrais multiplier à l'infini la citation de pareils faits.

mais ainsi, ou ils votent pour leur candidat, ou il s'abstiennent de voter : dans la coalition seule il y a eu exception à cet usage.

Demande-t-on dans quelle classe le député doit être choisi ? nous dirons qu'entre un candidat honnête homme et riche et un candidat honnête homme non riche, le riche doit être préféré.

Entre un honnête homme riche et instruit et un honnête homme riche non instruit, il faut aussi préférer le premier.

La fortune, comme l'instruction, est une garantie.

Un homme endetté, qui est mal dans ses affaires, ne peut faire un bon député. Il y a un principe reconnu et qui est applicable à toutes les positions ; dans la politique comme dans le commerce, on accorde plus de confiance à un honnête homme riche, qu'à un honnête homme non riche.

Des assemblées préparatoires publiques.

Les électeurs et les candidats provoquent des assemblées publiques, où les candidats doivent répondre à toutes les questions et faire leur profession de foi : ces professions de foi sont des niaiseries politiques, et ces assemblées préparatoires éloignent un grand nombre de candidats, qui ne veulent pas se placer sur la selette politique ; elles ne profitent qu'aux avocats et à tous ceux qui ont l'habitude de parler en public. Les questions et les réponses n'ont aucune portée et attaquent souvent la vie privée.

Pour faciliter les candidatures, tous les candidats devraient avoir le droit de faire insérer, contre paiement, d'après le tarif, dans tous les journaux, leurs professions de foi. Une loi devrait obliger les journaux à les insérer dans les vingt-quatre heures, de préférence à toutes les autres insertions.

Les candidats, d'ailleurs, ne s'expliquent jamais franchement en public, afin de ne pas s'aliéner le vote de certains électeurs : ils terminent presque toujours par cette réponse normale : « Je n'adopte ni place ni parti; » je voterai toujours selon ma conscience, pour l'hon- » neur et les intérêts du pays. » C'est en effet la meilleure réponse possible; il serait plus qu'imprudent de prendre des engagements ; tout dépend des événements et des circonstances.

On fait aussi des questions de localités, comme si le député n'était pas un député de la France, plutôt que le député de telle localité; il y a toutefois plusieurs députés qui s'occupent trop des intérêts de localité et pas assez des intérêts généraux.

On sait que les serments politiques sont élastiques ; on leur accorde une large interprétation : je ne veux blesser la conscience de personne; mais je voudrais pour les électeurs une plus puissante garantie que les serments politiques et les professions de foi publiques.

Devoir du Gouvernement dans les élections.

Le Gouvernement a aussi des obligations à remplir envers le pays, dans les élections : c'est de ne pas les laisser envahir par toutes les oppositions; il doit agir avec fermeté, sagesse et loyauté; il doit une égale protection aux électeurs de toutes les opinions; il doit toujours être prêt à défendre ses candidats par les mêmes moyens qu'emploient ceux de l'opposition; il doit publiquement avouer ses candidats : lorsque ses candidats sont attaqués, il doit les défendre et ne rien abandonner au hasard. Le meilleur procès négligé peut se perdre, surtout un procès politique. Sans s'écarter de la loi et de la vérité, il doit exercer toute son influence.

Voici deux faits qui sont à la connaissance de tout le monde :

Le ministère Thiers n'a pas eu peur d'avouer que M. Léon Faucher, rédacteur en chef du journal de l'opposition, était le candidat ministériel.

M. Cunin-Gridaine est un manufacturier de la plus haute considération : nommé ministre du commerce, il fut soumis à une réélection.

M. Odilon-Barrot, le colosse de l'opposition, pour empêcher l'élection de cet honorable industriel (M. Cunin-Gridaine ne doit son élévation qu'à son travail, à son intelligence et à sa capacité), qui est conservateur, recommanda aux électeurs de Sédan un candidat de l'opposition (1). M. Odilon-Barrot était dans son droit : les

(1) Mon honorable et ancien Collègue,

» L'élection qui va être faite à Sédan à l'occasion de l'avénement du nouveau ministère, pose devant le collége électoral la grande question qui préoccupe et agite en ce moment tout le pays : il s'agit de décider si notre Gouvernement de Juillet, à force de concessions à l'étranger, ne devra employer contre l'intérieur toutes les forces réunies à de si grands frais contre la coalition, ou si ce gouvernement sentira que plus de dignité et plus de fermeté à l'extérieur, lui permettraient plus de libéralisme à l'intérieur.

lecteurs conservateurs ont le même droit : ils doivent pro-
ter de l'exemple de M. Odilon-Barrot ; ils doivent re-
ousser les candidats de l'opposition de la même manière,
t suivre absolument la même conduite à l'égard de leurs
nnemis politiques. Il n'y a pas un député conservateur
qui aurait eu l'énergie d'écrire une telle recommandation.
MM. Laffitte et Arago, aux dernières élections, ont pré-
enté M. Carnot aux électeurs du sixième arrondissement;
ls sont entrés dans la salle où se tenait l'assemblée pré-
paratoire. Encore une fois, les conservateurs auraient-ils
u le courage et l'énergie d'en agir ainsi ?

Le député qui gêne le plus le Gouvernement, c'est le *rince des orateurs*, il est l'avocat des conspirateurs, des égitimistes, des républicains, des radicaux et de tous ceux qui sont hostiles au gouvernement; son éloquence est

» C'est cette question décisive pour notre avenir, pour nos libertés, pour notre sécurité même, que le collége de Sédan aura à
résoudre, en choisissant son député : jamais élection n'aura eu une
plus grande importance politique et n'aura entraîné pour chaque
électeur une plus grande responsabilité.

» J'approuve donc hautement la détermination que vous avez prise de vous présenter en concurrence avec M. Cunin-Gridaine : le drapeau de nos opinions ne pourrait être dans des mains plus sûres et plus dignes.

» Votre carrière législative passée, votre caractère connu, votre position sociale, sont autant de garanties pour la liberté et même pour l'ordre que vos concitoyens sauront apprécier.

» Votre nomination à la Chambre serait un grand événement, et son influence serait peut-être décisive sur la destinée de notre pays.

« ODILON-BARROT,

» A M. Robert de Vancq, à Sédan. »

(*Courrier Français* du 25 novembre 1840.)

aussi élastique que son serment; il parle bleu et pense blanc. Il vote toujours avec toutes les oppositions : l'opposition contre la Charte de 1830 est sa religion politique. Il ne prend pas le gouvernement en traître; il avoue ses principes et ne désavoue pas son serment. C'est à Goritz que ce célèbre avocat trouve les consolations de ses opinions complaisantes. Ce grand orateur légitimiste a été nommé à une majorité de 7 voix. Des électeurs conservateurs du collége qui l'a nommé ont assuré que le Gouvernement ne les avait pas secondés.

Je ferai remarquer qu'en 1837, sur 393 votants, la majorité était de 15 voix; et en 1839, sur 457 votants, la majorité n'était que de 7 voix; on voit que la majorité diminue en raison de l'augmentation du nombre des votants. Le même principe s'applique aux élections doubles et triples.

Il est plus que probable que si tous les électeurs conservateurs valides avaient fait leur devoir, le candidat de toutes les oppositions n'aurait pas été élu (1).

En conscience, et en bonne politique, le Gouvernement doit protéger ouvertement ses amis politiques; jusqu'à

(1) Bouches-du-Rhône, Marseille; premier arrondissement.

1837.	Électeurs	483
	Votants	393
	Majorité	197

Au 1er tour, M. Berryer a obtenu 212 suffrages, majorité 15 voix.

1839.	Électeurs	525
	Votants	475
	Majorité	229

Au 1er tour, M. Berryer a obtenu 236 suffrages, majorité 8 voix. M. Clapier a obtenu 217 suffrages.

présent, il a plutôt fait le contraire : il pense que ses amis lui sont acquis, et qu'il a besoin de ramener ses ennemis. Erreur grave, qui mécontente les premiers et ne ramène pas les derniers.

Ce système de peur rend les amis plus faibles et les ennemis plus forts.

L'expérience a démontré que les faveurs accordées par le Gouvernement à l'opposition n'ont converti personne; une religion politique a de profondes racines qu'on arrache difficilement. D'ailleurs, on attribue toute la générosité à la faiblesse et à la peur.

Les électeurs doivent exiger des candidats la promesse de se rendre à Paris, dès l'ouverture des Chambres, et de se trouver exactement, tous les jours, à la Chambre, à midi, pour l'ouverture de la séance, et de ne la quitter que lorsque la séance est levée; de ne pas solliciter des emplois pour leur famille et leurs protégés; de ne s'occuper que des affaires du pays; de ne s'absenter que pour des causes légitimes, et de ne jamais quitter Paris qu'après la clôture légale de la session : c'est là la meilleure et la véritable profession de foi. Ce serait une erreur que de croire que cette promesse explicite réduirait le nombre des candidats.

Je proposerai encore deux autres modifications à la loi électorale : l'une, de porter le cens d'éligibilité à 1,000 f. au lieu de 500 fr., et l'autre, l'abrogation de l'art. 67 de la loi électorale, ainsi conçu :

« Les députés ne reçoivent ni traitement, ni indemnité. »

J'ai dit plus haut qu'une fortune indépendante est une garantie pour le pays : la France possède assez d'éligibles

à 1,000 fr., ayant toutes les capacités et toutes les qualité
nécessaires à un bon député; je ne prétends pas que ceu
qui ne paient que 500 fr. soient moins bons, je dis seule
ment que la garantie de 1,000 fr. est plus forte. Ceu
qui paient 499 fr. comme 5 fr., et même ceux qui n
paient pas de cens, pourraient aussi prétendre qu'ils m
ritent la députation. Le même principe s'applique au
éligibles comme aux électeurs.

La loi exige d'un électeur le cens de 200 fr., et il n
que le droit de choisir un candidat pour la députatio
dont le cens doit être, au moins, 500 fr. L'électeur qui
voté, a cédé ses droits pour cinq ans; le député, au co
traire, exerce une fonction gouvernementale pendant cin
ans : entre ces deux positions et ces deux cens, la pr
portion de cens n'est pas juste: avec 200 fr., on ne peut q
voter pour un candidat; et avec 500 fr., on peut être un
fraction du gouvernement; on a le droit de dire au m
nistère : « Je veux, je ne veux pas; » et le renverser à v
lonté. Il n'y a pas d'harmonie entre les deux cens.

Il existe 200,000 électeurs dont le nombre augmen
annuellement, et il ne peut y avoir que 459 députés.

Un député qui représente une fraction de la souvera
neté nationale, doit réunir, autant que possible, toutes l
qualités et toutes les capacités que cette importante et hau
mission peut exiger : attachement à la dynastie, moralit
intégrité, instruction, et fortune indépendante.

Un député appartient à la Chambre pendant toute
durée de la session; rien ne doit le distraire de ses travau
législatifs; toutes ses actions, toutes ses pensées, doive
concourir à l'accomplissement de son mandat.

On ne peut exiger des députés plus que des autr

hommes ; mais on peut exiger qu'ils répondent à la confiance des électeurs (1).

En un mot, un bon député est la paix, le bonheur, la prospérité du pays ; un mauvais député, c'est la guerre, l'anarchie, le désordre et la ruine du pays.

Les hommes sont plus ou moins ambitieux : il y a des ambitions qui sont des vertus : c'est une ambition bien légitime et bien louable à un honnête homme, d'aspirer à la députation : il peut faire le bien et empêcher le mal.

On pourrait m'objecter qu'il se présente peu de candidats ; que les électeurs n'ont pas à choisir, et que souvent ils sont forcés de voter pour des candidats qui ne conviennent pas, et que si l'éligibilité était de 1,000 fr., il y en aurait encore moins.

Voici ma réponse :

1° Supprimez les professions de foi publiques : cette suppression fera venir un grand nombre de candidats : on écrit facilement une, deux, trois circulaires ; mais on ne veut s'exposer à répondre en public à des questions qui peuvent vous être faites par des électeurs qui ne sont souvent que des prête-noms. D'ailleurs, on fait souvent des questions si absurdes, qu'il répugne d'y répondre ; j'ai déjà dit que ces réunions publiques ne profitent qu'à ceux qui ont l'habitude de parler en public.

(1) M. C... a été jugé et condamné par la Chambre elle-même. M. D... a pris la fuite. (*Mémoires de Gisquet,* t. II, p. 242 à 244).

Il y a six mois, les journaux ont annoncé que M. G.., député radical était en déconfiture de quatre millions ; les artisans et les domestiques déposaient chez lui leurs économies comme à la caisse d'épargne. Ce député n'a pas encore donné sa démission !

2° Le vice est dans la loi électorale : la loi n'accorde ni traitement, ni indemnité aux députés. Je comprendrais cette absence d'indemnité, si c'était comme en Angleterre, où l'on ne peut devenir membre du Parlement qu'avec une grande fortune; tous, ou presque tous les membres du Parlement, sont très riches (1).

En France, il y a aussi des députés qui possèdent de grandes fortunes, mais il y en a beaucoup qui ne sont pas riches : les frais de voyages et les dépenses d'un long séjour à Paris, diminuent le nombre des candidats, tandis qu'un traitement digne de la représentation nationale, en augmenterait le nombre, et les électeurs pourraient mieux choisir. L'honneur, sans doute, est le plus beau traitement, mais l'honneur seul ne suffit pas.

Napoléon, qui commandait le Corps-Législatif comme la grande-armée, pouvait s'abstenir de lui accorder un traitement, et pourtant il lui en a accordé un.

Il a comblé de libéralités le Sénat, il a accablé d'honneurs ses lieutenants civils et militaires; mais ces honneurs étaient souvent accompagnés de mandats sur son trésor et de dotations.

Les hommes qui donnent leur temps au pays et qui s'occupent de ses intérêts, doivent être indemnisés; c'est d'ailleurs dans l'intérêt du pays : d'un côté, un traitement augmente le nombre des candidats, et les députés seront plus indépendants; de l'autre, on pourra exiger plus d'exactitude; ils n'auront pas de prétexte pour motiver

(1) M. le duc de Cleveland, pair d'Angleterre, a mis à la disposition du comité Wigh, pour les élections, une somme de 100,000 liv. sterling (2,500,000 fr.) (*Journal des Débats* du 11 juin 1841.)

leur absence. Je m'expliquerai plus longuement sur l'absence, au chapitre suivant. On accorde un traitement aux ministres à porte-feuilles, aux ambassadeurs, aux hauts fonctionnaires des Chambres, à la Cour des Comptes, à toute la magistrature, à tout le clergé, et la loi refuse un traitement à un député, obligé de quitter sa famille, sa maison, ses affaires, de faire deux voyages par an et de passer près de six mois à Paris, à ses propres frais !

C'est, ce me semble, comme si l'on disait à un député : « Vous dépenserez votre argent et votre temps, l'honneur vous tiendra lieu d'indemnité; la haute position où vous êtes placé, l'influence que vous pourrez exercer, la facilité que vous avez d'entrer partout, est un ample dédommagement.

Dans toutes choses on doit examiner les inconvénients et les avantages, et de quelque côté qu'on envisage la question, les avantages sont plus pour le pays que pour les députés. Mon Dieu! ne nous trompons pas sur les hommes; tout le monde aime l'argent : *les pauvres en ont besoin pour vivre; les riches n'en ont jamais assez pour mourir* (1) !

Avec une bonne Chambre, la presse serait moins hostile; il y aurait moins de délits politiques; on ne verrait ni attentats, ni émeute; on ne changerait pas si souvent de ministère; les électeurs peuvent accomplir cette haute mission.

(1) Sénèque, précepteur et ministre de Néron, a écrit, au sein du luxe, sur le mépris des richesses; il a amassé en quatre ans trois millions de sesterces (près de 59 millions tournois.)

(*Biographie universelle*, t. XLII, p. 27, art. *Tacite*.)

C'est un grand honneur d'être député, mais ce n'est pas un déshonneur de recevoir un traitement. Le Gouvernement serait plus indépendant envers les députés; les électeurs auraient un plus grand choix.

Depuis 1830, la Chambre s'est elle-même fait une guerre de partisans; elle a soulevé les passions dans son sein; il s'est formé une rencontre d'opinions ou coalition; la Chambre s'est renversée sur elle-même. Ces disputes, ces irritations énervent le Gouvernement et déplacent la majorité. Cependant une majorité saine et compacte est indispensable; la France vit au jour le jour; le moindre événement, une émeute à deux cents lieues de Paris, jette une agitation et la peur dans tout le pays. La France ne peut sortir de ce chaos que par la Chambre. Devrais-je le répéter cent fois!

Une modification à la loi électorale est donc indispensable. Lorsqu'on a reconnu les défauts d'une loi, il faut se hâter de la perfectionner; d'ailleurs, ne change-t-on pas souvent des articles de nos codes? cela arrive presque tous les ans.

Sous la Restauration, on a aussi fait des changements à la loi électorale : on y avait introduit le double vote; on a supprimé le renouvellement annuel par cinquième, qu'on a remplacé par la quinquennalité. Eh bien! la Charte de 1830 a aboli le double vote et elle a maintenu la quinquennalité. La législature a sagement agi, elle a aboli une mauvaise loi de la Restauration et elle a conservé une bonne loi de la Restauration.

Où en serions-nous si la Chambre se renouvelait par cinquième?

Il ne s'agit pas d'approuver mes principes; les sympathies ne suffisent pas; c'est de l'énergie, du courage et du patriotisme qu'on doit montrer. C'est une discussion législative que je provoque; c'est une loi que je sollicite, et non des vœux conservateurs.

Une grande nation qui n'ose proposer le changement d'une loi politique, lorsque ce changement est utile au pays, dégénère et marche vers sa décadence; c'est un Gouvernement de peur.

Cette question doit être abordée franchement, sans hésitation et sans crainte; je m'adresse au Gouvernement, à la Chambre des pairs, à la Chambre des députés, à tous les électeurs, à tous les partis, à toutes les opinions: tout le monde y gagnerait.

Je propose trois modifications à la loi électorale:

1° L'application de la pénalité de la loi du jury aux électeurs qui ne se rendront pas au collége pour voter;

2° Le cens d'éligibilité sera porté de 500 fr. à 1,000 fr.;

3° Les députés recevront un traitement de 50 fr. par jour et une indemnité de route de 5 fr. par poste.

Le traitement comptera depuis le jour de la séance royale jusqu'à la clôture de la session par ordonnance royale.

Les députés qui n'assisteront pas à la séance royale n'auront pas droit à l'indemnité de route; il en sera de même pour ceux qui n'assisteront pas à la séance de clôture.

Les députés absents n'auront non plus droit au traitement de 50 fr. par jour, à moins que les retards et les absences soient légitimement motivés.

Un réglement de la Chambre déterminera de quelle manière le retard ou l'absence sera constaté.

Les députés absents par congé n'auront droit à aucune indemnité.

Tous les députés doivent être tous les jours à la Chambre, depuis l'ouverture jusqu'à la levée de la séance.

Aucun député ne pourra abandonner son traitement à l'État ou à aucun établissement de bienfaisance quelconque, sans aucune exception.

Par le compte ci-après, on verra que la dépense ne dépassera pas quatre millions; mais il pourra y avoir une grande réduction, au moyen d'un réglement qui exigera l'exactitude aux séances : les sessions seront moins longues, et leur durée ne dépassera pas quatre mois.

Sur un budget si considérable, les députés trouveront bien une économie de quatre millions, et quand même cette économie ne serait pas possible, ce serait la dépense la plus utile du budget.

Pour ne pas charger le budget de cette dépense, on pourrait la couvrir au moyen d'un impôt sur les voitures et les chevaux de luxe (1).

(1) Le produit sur la taxe des voitures et chevaux de luxe en Angleterre, donne les résultats suivants :

VOITURES.

1821	69,830 ont produit	13,835,000
1825	70,214	10,937,000
1832	110,498	10,885,000
1835	125,955	10,690,000

CHEVAUX.

	DE SELLE.	AUTRES.	
1820	178,337	998,963 ont produit	32,812,000 fr.
1825	171,447	140,258	39,967,000
1829	187,112	151,987	10,893,000
1832	182,878	157,800	11,813,000
1833	181,023	33,753	9,120,000
1834	156,978	30,344	8,177,000

Évaluation approximative des dépenses.

Une distance moyenne de 50 postes, arrivée et retour, fait 100 postes à 5 francs par poste.

459 par 100, fait 45,900; à 5 fr.	229,500 fr.
459 à 9,000 fr. pour six mois.	4,131,000 fr.
	4,360,500 fr.

A déduire :

Les frais de routes des députés de Paris, des députés en mission et service public, les malades, les absents, etc.	360,500 fr.
Cette dépense peut donc être évaluée à	4,000,000 fr.

CHAPIRE X.

CHAMBRE DES DÉPUTÉS. (1)

J'ai la plus haute estime, le plus profond respect pour la Chambre des députés, qui est un des trois pouvoirs constitutionnels.

Je pense que non-seulement il est permis, mais que c'est un devoir, de signaler consciencieusement les imperfections de nos institutions, et d'indiquer les modifications dont dix années d'expérience nous ont révélé la nécessité.

Je demande pardon aux députés que je serai obligé de nommer pour me faire mieux comprendre.

La Chambre est composée de 459 députés, choisis dans 86 départements, parmi toutes les opinions politiques; cette réunion représente les opinions politiques de la France.

(1) Il y a une connexion de ce chapitre avec le chapitre précédent. Les députés, par la loi électorale, font les électeurs, et les électeurs, à leur tour, font les députés. Les uns et les autres ont à se reprocher de l'indifférence.

J'ai signalé aux électeurs ce qu'ils doivent exiger des députés, et aux députés ce qu'ils ont le droit d'exiger des électeurs.

Les hommes sont partout les mêmes : mêmes vices, mêmes vertus, mêmes défauts, mêmes qualités; nul ne peut s'isoler de sa nature, et tous subissent l'influence de leurs passions. Les hommes ne sont nulle part infaillibles, et toutes les institutions humaines sont imparfaites. A la Chambre, comme ailleurs, il existe des rivalités; il y a jalousie, ambition, vanité, haine, désir de dominer; de là, ces discussions irritantes, ces tracasseries fréquentes, qui compromettent si souvent la dignité de la Chambre et les intérêts de la France.

Avant de nous occuper de l'organisation de la Chambre et d'entrer dans les considérations auxquelles cet important sujet donne lieu, constatons un fait : Depuis la Révolution de 1789, toutes les représentations nationales, n'importe la dénomination, ont succombé sous leur propre poids: il y avait tantôt trop de force, tantôt trop de faiblesse, c'est-à-dire, le centre de gravité de la puissance législative ou exécutive a perdu son équilibre et a tout renversé.

Si la Chambre actuelle ne rétablit pas l'équilibre qu'elle menace de détruire, elle succombera, comme Napoléon, par sa trop grande force.

Si la force de la Chambre entraîne la puissance royale, nous sommes en république avec un président-roi-héréditaire.

Le président veut-il résister ? c'est un combat continuel, et, par suite, une dissolution. Les électeurs seront appelés à juger la question, conformément à la marche tracée par la Charte, et il se pourrait (ce qui est déjà arrivé) que la majorité de la Chambre restât la même.

J'ai toujours pensé que la Chambre des députés est au

Gouvernement ce que le cœur est à l'homme : chaque député est mandataire de la France ; en effet, les intérêts de Bordeaux sont ceux de Marseille, comme les intérêts du Havre, de Rouen, sont ceux de Mülhouse et de Lyon; toutefois, ce principe d'équité incontestable ne trouve pas toujours son application absolue dans la Chambre; les députés pensent trop aux électeurs qui les ont nommés.

Qu'on fasse bien attention, et la Chambre l'a fait comprendre dans plus d'une circonstance, la France est dans la Chambre; c'est celle-ci qui représente, par délégation, la souveraineté du peuple.

S'il est vrai que l'ensemble des députés représente la majorité de l'opinion politique des électeurs, et que cette majorité forme la souveraineté du peuple, cette souveraineté se composerait d'éléments dont les opinions politiques et les intérêts ne seraient pas en harmonie.

Un député légitimiste arrive à la Chambre avec un mandat légitimiste; un républicain, avec un mandat républicain; un radical, avec un mandat radical; celui de la gauche dynastique, avec un mandat de l'opposition, et le conservateur, avec un mandat conservateur. Tous ces députés cependant prêtent serment à la Charte constitutionnelle et aux lois du royaume. La raison peut-elle permettre de croire qu'avec ces éléments, le choc de ces diverses opinions et de passions politiques, il puisse exister une sympathie gouvernementale?

Autre point qui mérite attention.

Le même collége nomme dans les mêmes circonstances des députés d'opinions tout opposées, et ces députés changent souvent d'opinion. Citons quelques exemples.

Le cinquième arrondissement de Paris a nommé

M. Thiers, alors juste-milieu-conservateur; à l'élection suivante, le même arrondissement a nommé M. Eusèbe Salverte, radical; à la mort de ce dernier, il a nommé M. d'Hubert, maire du troisième, qui n'est ni conservateur, ni radical, du moins d'une autre opinion que ses deux prédécesseurs. On peut se demander quelle est l'opinion politique du cinquième arrondissement de Paris: est-il conservateur? radical? ou bien n'est-il ni l'un ni l'autre?

Le sixième arrondissement a nommé M. François Delessert, conservateur, et M. Carnot, de l'opposition.

M. Pelletier Dulas, candidat conservateur, a été élu à Bourges, en 1841; il a été exclu de la Chambre, pour 1 fr. 70 c. qui lui manquaient sur le cens; il a été remplacé par M. Denis Benoît, légitimiste. C'est la première fois, depuis dix ans, qu'un candidat de l'opposition le remporte dans cet arrondissement.

Le collége de Rochefort a nommé pendant longtemps M. Audry de Puyraveau; il cesse d'être éligible, les électeurs le remplacent par M. le baron Tupinier, directeur de l'administration de la marine, conservateur par caractère et par position.

Le collége de Paimbœuf, qui s'est réuni le 20 mars 1841, pour le remplacement de M. Benoît, député de l'opposition, a nommé M. Leray, conservateur.

M. Félix Réal siégeait à la Chambre au côté gauche; depuis qu'il est Conseiller-d'État, il n'a cessé d'être ministériel.

M. Dufaure est arrivé à la Chambre comme député de l'opposition de gauche; il s'est déclaré un des soutiens du ministère Guizot-Soult.

Le collége d'Aix a nommé, comme conservateur,

M. Thiers, qui est maintenant chef de toutes les oppositions.

Le collége de Saint-Amand a nommé, comme conservateur, M. le comte Jaubert, qui vote maintenant avec l'opposition.

Le collége de Muret a nommé M. de Rémusat, conservateur, qui vote maintenant avec l'opposition; je pourrais encore citer plusieurs exemples de ce genre.

L'élection de Mülhouse mérite une attention particulière. Ce collége a toujours nommé, à une grande majorité, M. Nicolas Kœchlin, député de l'opposition.

En 1837, sur 251 votants, il a obtenu 153 suffrages.

En 1839, sur 309 votants, il a obtenu 171 suffrages.

En 1841, ce député a donné sa démission; le collége a nommé M. André Kœchlin, conservateur très prononcé. Sur 311 votants, il a obtenu 297 suffrages; les 171 voix de l'opposition se sont réduites à 15.

Cette nomination prouve deux choses : ou les électeurs ont spontanément changé d'opinion politique, ou ils ont des opinions bien complaisantes. Quoi qu'il en soit, la fragilité des majorités est évidente; on peut tirer cette conséquence : il peut arriver dans une élection générale que, par des menées quelconques, l'opposition arrive à la Chambre en majorité, ce qui n'est pas impossible, c'était le plan de M. Thiers. Dans cette hypothèse, un ministère de la gauche devient inévitable, appuyé par les radicaux et les légitimistes, comme auxiliaires obligés.

Un ministère de gauche aurait une majorité à la Chambre des députés, mais il ne l'aurait pas à la Chambre des pairs; les deux Chambres n'étant plus d'accord entre elles, la

France se trouverait dans l'anarchie. Si la Chambre des députés entraînait la Chambre des pairs et la royauté, la Chambre des députés serait souveraine de fait; ce serait encore de l'anarchie.

On aurait grand tort de glisser légèrement sur cette hypothèse; elle est plus sérieuse qu'on ne pense.

Cette situation n'est pas impossible; elle l'est si peu, qu'elle existerait probablement, si M. Thiers fût resté chef du Cabinet. Cette circonstance peut se reproduire, si l'on n'apporte pas des modifications à la loi électorale.

La France est féconde en grands événements politiques; ils arrivent au moment où l'on s'y attend le moins.

On n'aurait jamais eu la pensée que la France pût avoir une guerre à soutenir contre toute l'Europe pour le pacha d'Égypte, et qu'on emploierait 150 millions pour les premières dépenses des fortifications de Paris. Après ces deux événements imprévus, on ne peut prédire la politique extérieure et intérieure de la France.

De ce qui précède sur les colléges électoraux, il résulte :

Que le cinquième collége de Paris est de toutes les opinions, ou qu'il n'a pas une opinion bien déterminée;

Que le sixième collége est conservateur et radical;

Que le collége de Mülhouse est à la fois de l'opposition et conservateur;

Que le collége de Bourges, naguères conservateur, est légitimiste actuellement;

Que le collége de Rochefort était radical, et qu'il est maintenant conservateur : ce collége a changé de majorité;

Le collége de Paimbœuf a changé de même : M. Félix Réal, nommé comme représentant de l'opposition de gauche, est conservateur; M. Dufaure, même conversion;

Le collége d'Aix a nommé M. Thiers, ancien ministre, chef des conservateurs; il est maintenant chef de toutes les oppositions : les opinions politiques de ce collége ne sont plus représentées;

Le collége de Saint-Amand, qui a nommé M. le comte Jaubert, conservateur, n'est plus représenté non plus, puisque M. Jaubert est de l'opposition.

M. de Rémusat se trouve dans la même position.

Les députés peuvent dire qu'ils n'ont pas de mandat impératif; qu'ils votent selon leur conscience; ceci est vrai jusqu'à un certain point. Il est évident qu'un collége qui nomme un candidat de l'opposition, veut être représenté à la Chambre par un membre de l'opposition, et un collége qui nomme un candidat conservateur veut être représenté par un conservateur. Le principe n'est pas absolu, mais il ressort de la bonne foi et de l'intention des électeurs, à moins de circonstances graves.

Un gouvernement constitutionnel est un gouvernement de majorité; il faut se soumettre à la majorité, sinon ce serait de l'anarchie. Cette majorité doit toujours être basée sur le principe des intérêts généraux.

Les électeurs communiquent leurs principes à leurs délégués; les députés, au gouvernement qui gouverne dans les principes des électeurs; mais si les électeurs n'ont pas de principes arrêtés, leurs principes ne sont pas une vérité. La majorité appartient au hasard, et jusqu'à ce que l'éducation politique soit faite, la Chambre n'aura pas une majorité stable.

Il y a des questions de principe où le vote d'un député doit être invariable :

1° Question de Cabinet, qui représente le système politique;

2° De la guerre et des traités de paix;

3° D'une loi sur la presse; elle tient à la conservation de l'ordre.

Les majorités se placent et se déplacent par esprit de parti et de haine; les questions de personnes dominent souvent les intérêts du pays. La Chambre refuse à un ministère ce que le lendemain elle accorde à un ministère nouveau, parce qu'il porte un autre nom propre. Il existe dans la Chambre une certaine animosité qu'on fera difficilement disparaître; les amours-propres blessés, les espérances trompées. Les hommes veulent toujours monter, jamais descendre; ils ne peuvent pardonner à ceux qui les obligent de leur céder leur place.

C'est là le plus grand inconvénient du gouvernement des Chambres; il y a trop d'égalités à mettre d'accord. Il y a des positions bien étranges dans la Chambre: les chefs des partis ont besoin les uns des autres: M. Berryer ne peut arriver à la Restauration, que par la popularité révolutionnaire de M. Thiers et de son parti: M. Thiers cajole M. Berryer, comme chef du parti légitimiste, dont il désire avoir les voix contre les conservateurs. Ces deux ennemis politiques marchent quelquefois ensemble, bien que leurs systèmes soient diamétralement opposés. La Chambre n'a pas d'unité parlementaire; les opinions sont trop divisées dans les grandes questions.

La Chambre est composée de toutes les notabilités, des hommes les plus instruits et les plus considérés de la France; il devrait exister parmi eux une parfaite unité nationale, qui formerait une majorité compacte gouvernementale. Ce n'est que dans une grande union constitutionnelle qu'un esprit de propagande pourra se former, si jamais la France était menacée d'une guerre de principes.

L'union de la Chambre, c'est le respect et l'honneur de la France; c'est la paix; c'est une grande armée; c'est une fortification générale de toutes les villes et villages.

Avec une bonne Chambre, on n'aura pas à craindre les émeutes, les attentats, les complots, les écarts et les abus de la presse.

Une bonne Chambre, c'est le développement des richesses publiques ; c'est la prospérité de l'industrie et du commerce, des sciences et des arts ; c'est le perfectionnement des lois; une bonne politique exerce la plus grande influence depuis la chaumière jusqu'au salon ministériel.

Dans les grandes circonstances, toute la France, les amis, comme les ennemis, portent leurs regards sur la Chambre. Lorsqu'il a été question de guerre, les fonds publics ont baissé de 20 pour cent; c'est une preuve évidente qu'on craignait autre chose que la guerre étrangère : ce n'est pas le jeu ou l'agiotage qui pouvait occasionner une si forte baisse. La crainte de guerre seule n'a pas produit cette énorme baisse sur les fonds étrangers ; car si nous avions réellement la guerre, on ne peut pas s'imaginer où la baisse s'arrêterait.

La France a un autre ennemi, qui se cache sous le manteau des factions et des partis : il est dans les rues, il est dans l'air; on le porte tous les jours dans nos maisons; il se glisse sous les banquettes de la Chambre. Cet ennemi, c'est la démocratie qui nous dévore : si elle fait encore des progrès, nous tomberons dans l'anarchie :

voilà l'ennemi qu'on redoute beaucoup plus que l'étranger.

On se demande : que veut donc la Chambre, par ses continuelles exigences au nom de la France? où sont ces dangers qui la menacent? Elle est le pays le plus libre et le plus riche du monde, et la Chambre la met dans une agitation permanente. On prononce souvent des discours dangereux, qui excitent et encouragent les passions politiques, favorisent les écarts et la licence de la presse.

Toutes les opinions, toutes les idées se reportent sur la Chambre, où les partis espèrent trouver un appui.

Les députés comptent journellement leurs forces ; ils se font la guerre civile avec les boules noires et les boules blanches.

La Chambre alimente les espérances des partis au dedans ; elle jette l'épouvante à l'étranger ; elle manque d'unité ; les divers partis qui la composent sont toujours un obstacle à la durée d'un ministère.

Il existe un système occulte entre le Gouvernement, la majorité et la minorité de la Chambre : chaque parti veut profiter des fautes de l'autre ; c'est une partie d'échec politique entre les ministères passés, présents et futurs ; tous les partis veulent faire dominer leur système politique : voilà l'origine de la coalition.

La Chambre, par sa majorité, imprime son système au ministère : elle entraîne les deux autres pouvoirs : elle seule forme la volonté gouvernementale ; nous l'avons vu par la coalition : elle a renversé le ministère Molé.

A chaque session, l'existence du Cabinet est flottante ; si l'esprit de la Chambre ne se modifie pas, je crains bien que nous ayons encore plus d'un ministère intérimaire.

La meilleure fortification pour la France, je le répète, serait une Chambre d'un esprit sage et modéré, et toute dévouée à la dynastie et aux institutions de Juillet.

Une opposition raisonnable et de bonne foi est un avertissement et une barrière contre l'envahissement du pouvoir ; mais une opposition systématique, une opposition de noms propres, méconnaît les intérêts de la France, donne un exemple dangereux au pays, et une mauvaise opinion à l'étranger.

Toutes les nuances d'oppositions réunies ne forment pas une majorité gouvernementale.

Il existe une grande lacune dans le réglement intérieur de la Chambre : des modifications sont indispensables ; les députés n'assistent pas exactement aux séances, et on accorde des congés avec trop de facilité.

Les députés sollicitent des électeurs un mandat pour les représenter à la Chambre, promettant de défendre les intérêts du pays. Le devoir d'un honnête homme est de remplir consciencieusement sa promesse, d'exécuter en bon père de famille le mandat qu'il a reçu. Les députés doivent se rappeler qu'ils sont, avant tout, députés pour faire les affaires du pays, et la Chambre doit donner l'exemple de la ponctualité : elle doit montrer à la France et à l'Europe son zèle et son exactitude. Eh bien ! trop souvent le contraire arrive, et beaucoup de députés montrent une grande insouciance.

Des députés, qui veulent quitter Paris, demandent et obtiennent des congés ; un grand nombre de ceux qui habitent Paris et les environs, au lieu de demander un congé, se contentent de faire un acte de présence, et se réservent pour les grandes circonstances.

Les députés semblent par là dire aux électeurs : Nous sommes députés pour nous et non pour vous.

Si les électeurs de toute la France pouvaient se trouver réunis dans la Chambre, ils verraient que presque la moitié des colléges ne sont pas représentés.

Et qu'on ne dise pas que la longueur des sessions explique ces absences : en 1841, elles ont commencé dès le mois de janvier.

M. le Président a souvent répété, en parlant de ces absences, que c'est un scandale public que la Chambre doit arrêter elle-même. Un député doit être sur son banc avec la même exactitude que le magistrat sur son siége : l'un juge les intérêts de la France, l'autre ne juge que les intérêts individuels.

La loi sur le recrutement, une des plus importantes, cette loi qui intéresse tant la défense du pays, la vie de nos enfants, la prospérité de nos finances, loi enfin d'un intérêt si général ; eh bien ! elle a été votée (1) par 258 votants !

Nous donnons, à la suite de ce chapitre, une liste du nombre des votants ; cette liste sera le commentaire le plus explicite de ce que nous venons de dire.

Si la Chambre accorde des congés avec trop de facilité, d'un autre côté, elle n'exerce pas de contrôle sur les députés absents sans congé, ou qui arrivent tard à Paris. Il n'existe de pénalité que l'appel nominal, qui

(1) Le 23 avril 1841.

ne peut se faire régulièrement; de façon que le publi ne connaît jamais les noms des absents: les députés s trouvent à l'abri du blâme personnel: ils comptent là dessus.

Qu'on me permette de citer un fait qui s'est pass dans la séance du 20 février 1841.

« M. DE RÉMILLY. Je n'étais pas prévenu de la de » mande faite par l'honorable M. Maurat-Ballange. »

« M. MAURAT-BALLANGE. Si je ne vous ai pas préven » c'est que je ne vous ai pas trouvé dans la Chambre (1 » où je vous ai cherché depuis quinze jours. » (Bruit

La proposition de l'exclusion des fonctionnaires n été rejetée qu'à une majorité de trente-trois voix (2) malgré la présence de 373 députés. On peut suppose que l'opposition était au complet, et que les conserva teurs ne l'étaient pas. Si tous les conservateurs avaier été à la Chambre, la majorité aurait été plus nombreuse avec une faible majorité, les mêmes propositions re viennent à la Chambre, tandis que le rejet à une fort majorité est significatif: c'est un fait de la plus haut importance.

(1) M. de Remilly a été très conséquent avec sa propositio d'exclusion; son absence de 15 jours de la Chambre constat qu'il aime l'indépendance des députés.

(2) Séance du 6 avril :

Nombre des votants.	373
Majorité absolue.	187
Boules blanches.	170
Boules noires.	203 (Sensation)

La prise en considération est rejetée à une majorité de 33 voix

On est étonné de rencontrer souvent, aux heures des séances, des députés aux promenades, à la Bourse, dans leur salon et dans leur cabinet, et les bancs de la Chambre restent vides.

Les députés attachés à la Maison du Roi, les députés fonctionnaires civils et militaires ne sont pas plus exacts : plusieurs d'entre eux ne paraissent à la Chambre que dans les grandes circonstances.

Les électeurs, en nommant un député, le chargent de discuter et de soutenir les intérêts du pays : ils lui confient un blanc-seing immense : le mandat qu'ils lui donnent doit être rempli avec conscience et exactitude : or, cela ne se peut qu'en se trouvant toujours à son poste de député, sauf une nécessité légitime de s'absenter.

Il n'est presque pas croyable qu'une Chambre qui veut, aux yeux du pays et de l'Europe, manifester tant de patriotisme et de désintéressement, soit en si petit nombre lors de la discussion et du vote des lois ; souvent même la Chambre n'est pas en nombre, et le président est obligé de renvoyer le vote au lendemain. Si le patriotisme cache son zèle par modestie, c'est aux électeurs à exiger moins de modestie et plus de zèle.

La Chambre est composée de 459 députés ; retranchons pour les malades et les services publics 59, c'est beaucoup : il devrait y avoir au moins 400 présents à la Chambre, et comme ce nombre n'est presque jamais atteint, c'est aux électeurs à n'envoyer à la Chambre que des hommes zélés et actifs qui puissent, pendant toute la session, donner tout leur temps à la Chambre.

Mais, dira-t-on, il y a des lois d'un intérêt local, des lois qui ont une spécialité, qui exigent des connaissances que tout le monde n'a pas : cette objection est sans fondement.

Les lois d'un intérêt local, comme les autres lois, se font pour toute la France; elles se rattachent à des intérêts généraux; car tous les départements sont liés entre eux, comme les anneaux d'une chaîne.

Le plus petit intérêt, même une route, un pont, tout cela tient aux départements voisins. Tous les députés doivent donc connaître toutes les discussions de la Chambre.

Quant aux lois de spécialité, par exemple celles des juges suppléants, l'objection n'est pas plus fondée; tous les députés, ou du moins la plupart d'entre eux, connaissent les lois et la triture des procès; il y en a peu ou point qui ne puissent juger cette question. D'ailleurs, en entendant les hommes spéciaux, on se familiarise avec la question, la discussion d'une loi : c'est un procès entre la France et les intérêts divers, dont les avocats sont tous les députés, et l'on finit, en entendant le pour et le contre, par juger avec connaissance de cause.

Si l'on voulait n'assister qu'aux questions que l'on comprend, il n'y aurait :

Pour les questions civiles, que des magistrats ou des avocats;

Pour les questions militaires, que des militaires;

Pour les questions de finances, que des banquiers;

Pour les questions maritimes, que des marins;

Pour les questions de manufactures et de commerce, que des manufacturiers et des commerçants;

Pour les questions d'agriculture, que des propriétaires et des agronomes, et ainsi de suite.

Les commissions représentent les spécialités; mais les commissaires sont souvent divisés d'opinion; aussi les commissions n'expriment que leur opinion, et la Chambre juge. Est-il nécessaire d'en dire davantage pour justifier mon raisonnement?

Évidemment ceux qui auront assisté aux débats, jugeront mieux que ceux qui se sont souvent absentés, et qui ne viennent à la Chambre que pour accorder un vote à la spécialité. Ceux qui abandonnent une loi quelconque à la spécialité, ne peuvent se justifier aux yeux des électeurs.

Au surplus, une absence par le motif que la loi est spéciale, n'est pas sérieusement motivée, ce n'est qu'un prétexte (1).

Un député qui représente la souveraineté de la nation, doit exercer sa souveraineté : il doit être à son poste; ses plaisirs ou ses intérêts privés doivent faire place à l'intérêt du pays. Ceux à qui leur fortune ou leurs occupations ne permettent pas de donner tout leur temps à cette hono-

(1) Jeudi, 21 janvier 1841, M. X..., député de l'opposition avancée, s'est trouvé, à 6 heures, chez un ami, et a dit que la discussion sur les fortifications était ajournée au lundi suivant.

M. Y..., autre député de l'opposition, arrivé un instant après, s'est excusé d'être en retard, en disant que M. de Lamartine avait fait un long discours sur les fortifications. Le cercle a spontanément observé que M. X..., député, venait de dire que la discussion était remise au lundi. Celui-ci fut forcé d'avouer qu'il n'avait pas été à la Chambre. Journellement on entend des aveux semblables; ce qui n'existerait pas s'il y avait une feuille de présence dont il sera parlé ci-après.

rable et importante mission, ne doivent pas accepter la députation; la Chambre elle-même doit s'imposer ses devoirs et les remplir scrupuleusement.

Lorsque Napoléon convoquait le Corps-Législatif, il n'y avait que les morts qui ne se trouvaient pas à leur poste au jour et à l'heure indiqués.

Tous les députés doivent voter; ceux qui se retirent au moment du scrutin, pour le faire manquer par le nombre nécessaire, manquent par là à la dignité de la Chambre et des électeurs.

Tous les députés fonctionnaires publics, militaires, marins, magistrats, etc., doivent être présents à la Chambre; point d'exception pour qui que ce soit : les travaux de la Chambre doivent passer avant tout; les lois seront mieux discutées et les sessions seront moins longues.

La haute considération attachée au nom de député est presque une fortune; cette haute position peut conduire aux grandes affaires, aux plus hautes fonctions (1). Les députés qui s'occupent d'affaires ont un avantage immense: toutes les portes leur sont ouvertes; ils peuvent voir tous les jours et à toute heure les ministres. Ceux qui ne sont pas dans les affaires, ont l'avantage d'obliger leurs amis et leurs protégés; avec la recommandation d'un député, on est partout bien accueilli. Je ne prétends pas que le titre de député lui ôte le droit de s'occuper de ses propres

(1) Il y a quelque temps, les journaux ont fait une révélation qui n'a pas été démentie et qui paraît fondée. M. X..., député de l'extrême gauche, devait céder sa place de député à un candidat conservateur, lequel devait lui procurer en échange une recette générale.

affaires, ni de recommander et de protéger ses amis : ceci est du droit commun.

Il y a des électeurs qui croient avoir des droits à la reconnaissance du député à la nomination duquel ils ont contribué par leur vote ; le député doit les détromper sur ce point : l'électeur ne donne pas son vote à un député pour que celui-ci l'oblige ; il le lui donne pour que le député représente ses opinions ou ses intérêts à la Chambre.

Le même principe s'applique au ministère pour le système duquel vote le député : les députés font les ministères pour qu'ils gouvernent selon leur système ; le ministère ne doit pas plus de reconnaissance aux députés que ceux-ci n'en doivent aux électeurs.

Un ministre se trouve dans une fausse position à l'égard des députés solliciteurs ; souvent il n'ose refuser et ne peut accorder.

Au député le droit de recommander, au ministre le droit de refuser. Il est tout naturel qu'à mérite égal, le ministre accorde la préférence à ses parents, à ses amis et aux recommandations d'un député : il a le droit que chacun a de préférer, à mérite égal, ses parents et ses amis.

Je suis très convaincu qu'un traitement accordé aux députés, comme je l'ai indiqué au chapitre précédent, serait dans les intérêts de toute la France : d'un côté, il se présenterait un plus grand nombre de candidats ; d'un autre côté, le député qui reçoit un traitement appartient à son traitement ; il lui doit tout son temps, et les électeurs peuvent être plus exigeants. D'ailleurs, le jeton de présence de 50 fr. l'appellera à la Chambre.

Tous les grands dignitaires reçoivent un traitement et

n'en font pas moins bien leur devoir. Au contraire, si l'on n'accordait pas de traitement aux fonctionnaires publics, on n'en trouverait peu ; les fonctionnaires députés, d'ailleurs, reçoivent un traitement comme fonctionnaires ; leur qualité de député leur vaudra un traitement de plus. Plusieurs fonctionnaires publics ont peu de fortune; les dépenses, à Paris, absorbent leur traitement, et ceux qui habitent Paris, peuvent avoir un surcroît de travaux.

Je proposerai à la Chambre d'ajouter à son réglement :

La Chambre nommera dans chacun de ses bureaux un commissaire. Ces commissaires réunis formeront une commission, qui prendra le nom de *Commission des congés*. La Chambre nommera une seconde commission qui prendra le titre de *Commission de présence*. Ces commissions seront naturellement renouvelées lors du renouvellement des bureaux.

Un député qui voudra s'absenter, devra adresser sa demande par écrit à la commission, laquelle examinera sa demande, et fera son rapport à la Chambre le lendemain de la demande; la Chambre accordera ou refusera le congé.

La commission de présence sera chargée de constater les absences.

Voici les moyens d'exécution :

Le président ouvrira la séance tous les jours à midi et demi; les députés qui arrivent pendant la lecture du procès-verbal prendront place.

A une heure, les députés qui entrent dans la salle resteront debout, pendant qu'on fera signer la feuille de présence aux députés assis ; ensuite signeront ceux qui seront restés debout. A une heure un quart, on ne sera plus admis à signer, et la feuille sera close.

A trois heures précises, on fera signer, pour la seconde fois, une feuille de présence, et à cinq heures, une troisième feuille.

On peut s'arranger pour que chaque opération puisse se terminer en cinq minutes, et qu'elle ne dérange pas les travaux de la Chambre.

L'appel seul serait inefficace, car un député peut venir à une heure, se retirer ensuite pour ne revenir qu'à quatre heures, tandis que les feuilles de présence indiqueraient la présence d'une manière exacte.

A la fin de chaque semaine, on publiera, dans le *Moniteur*, la liste des absents par congé et de ceux qui le sont sans congé.

Un autre avantage de ce réglement est que les députés ne pourront quitter Paris qu'après la clôture de la session; il y aura beaucoup de temps gagné, si l'on compare les travaux de la Chambre de une à six heures, et ceux de deux et quelquefois trois à cinq et demie ou six heures.

Et qu'on n'objecte pas que les travaux des commissions absorbent beaucoup de temps : les commissions peuvent se réunir avant et après les séances, ou bien les jours où il n'y a pas de Chambre.

La Chambre pourra encore, lors des grands travaux, doubler ses commissions. Les ministres du Roi ont beaucoup moins de liberté que les représentants du peuple; au reste, je ne donne que des indications; si elles trouvent grâce devant la Chambre, elle pourra les modifier et les perfectionner.

Je suis convaincu qu'il n'y aura jamais une bonne Chambre sans que ses membres reçoivent un traitement, et sans un réglement par lequel la Chambre applique une pénalité aux absents sans cause légitime. Les députés font des lois pour la France; ils doivent en faire qui les concernent personnellement; il vaut mieux qu'ils les fassent spontanément, que d'y être obligés par la volonté des électeurs; ceux-ci ne se plaindront pas d'une pénalité qui leur sera appliquée (1) s'ils ne vont pas aux élections, lorsqu'ils verront les députés se traiter aussi sévèrement.

Quand le général souffre au bivouac, les soldats n'osent pas se plaindre.

(1) Voyez le chapitre précédent.

NOMBRE DES VOTANTS ET ABSENCES DES DÉPUTÉS DE LA CHAMBRE.

Les nombreuses absences des députés de la Chambre m'ont déterminé à faire quelques extraits des journaux qui ont indiqué le nombre des votants. Bien que tout le monde ait lu les journaux, il ne sera peut-être pas sans utilité de constater ici ces inexactitudes, à côté des modifications que je propose; c'est à la France électorale à juger; c'est à elle à voir si elle veut tolérer un semblable abandon, sans exemple dans les annales parlementaires.

Loi sur le travail des enfants dans les fabriques.

Séance du 29 décembre 1840.

Votants	253
Pour.	185
Contre.	50

Séance du 7 janvier 1841, à deux heures un quart.

Au scrutin secret, pour un questeur,

Il y avait 335 votants.

Au moins 105 membres ont quitté leur poste après le vote.

A cinq heures et demie, la Chambre n'était plus en nombre.

M. le Président. — « J'ai l'honneur de prévenir la

» Chambre que, si elle ne se trouve pas en nombre de-
» main, à l'ouverture de la séance, il sera procédé à l'ap-
» pel nominal; le scrutin d'aujourd'hui prouve que la
» Chambre était en nombre.

» Commençant ses séances trop tard et les finissant
» trop tôt, elle éterniserait cette discussion.»

La séance est levée à cinq heures et demie.

Séance du 12 *janvier* 1841.

M. le Président.—« La Chambre n'est pas en nombre
» pour délibérer; mais je dois déplorer que la conduite
» de quelques députés, qui se sont retirés au milieu de
» la discussion engagée, ait empêché la Chambre de voter
» (*longs murmures à gauche*); je parle ici au nom de la di-
» gnité de la Chambre, etc., etc. »

Séance du 18 *janvier.*

Il est procédé à l'appel nominal.

Il y avait 168 votants; le scrutin a été annulé.

Séance du 21 *janvier, à deux heures un quart.*

Il n'y avait que 257 votants.

Séance du 2 *février.*

M. le Président. — » Le dépouillement du scrutin
» constate la présence de 213 votants; la Chambre n'é-
» tant pas en nombre, le scrutin est annulé.»

La séance est levée à cinq heures.

Séance du 10 *février.*

Nombre des votants: 270, à quatre heures.

Séance du 11 *février.*

Nombre des votants: 273.

Séance du 17 février.

Nombre des votants : 207.

Le scrutin a été annulé.

Séance du 18 février.

Nombre des votants : 245, à deux heures trois quarts.

Séance du 22 février.

Nombre des votants : 235.

Séance du 27 février.

Nombre des votants : 380.

Ce chiffre prouve qu'il y avait à Paris 380 députés; on se demande où ils ont été lorsque la Chambre n'était pas en nombre, quelques jours avant, pour voter, et qu'on fut obligé d'annuler le scrutin?

Séance du 8 mars.

A deux heures et demie, la séance est ouverte, en présence d'un très petit nombre de députés.

M. le Président. — « Le rapport des pétitions est » épuisé. D'après un ordre du jour, la Chambre avait à » délibérer sur des projets de loi d'intérêt local; mais » ces projets donnant lieu à des discussions, et la Chambre » n'étant pas en nombre, il est nécessaire d'en ajourner » la délibération (*Marques universelles de mécontentement*). »

M. Golbéry. — « Je demande à faire une observation, » non pas sur les lois d'intérêt local, mais sur l'ordre du » jour même.

» Il est inutile de commencer une discussion qui, évi- » demment, n'aboutirait à rien; mais il est permis de » s'en affliger et de faire remarquer qu'avant-hier ce » projet de loi était à l'ordre du jour, et que la Chambre,

» qui était fort nombreuse un quart-d'heure avant qu'il » fût discuté, ne s'est plus trouvée en nombre pour » voter.

» Je ne demande pas d'une manière précise qu'il soit » procédé à l'appel nominal, ce serait pourtant bien juste » (*oui! oui! l'appel nominal!*). Notre session qui a été ou- » verte le 28 novembre, c'est-à-dire deux mois plus tôt » que de coutume, court le risque de durer jusqu'au der- » nier juillet... »

Une voix. « Oh! non! jusqu'au mois de juin. »

Un membre. « Nous n'attendrons pas jusque-là! » Après une longue discussion sur cet objet, on a fait l'appel nominal à quatre heures.

Séance du 9 mars.

Nombre des votants : 258.

Adoption de la loi sur l'expropriation.

Séance du 10 mars.

Nombre des votants : 201.

La séance a été levée à cinq heures.

Séance du 11 mars.

Nombre des votants : 235.

Séance du 16 mars.

Nombre des votants : 231.

Séance du 19 mars.

Nombre des votants : 234.

On a voté les crédits supplémentaires et extraordinaires de 1840.

Séance du 24 mars.

Nombre des votants : 195.

M. le Président. — « J'ai l'honneur de prévenir la » Chambre que l'appel nominal qui aura lieu demain » à deux heures, au commencement de la séance, servira » aussi à constater les absents. » La séance est levée à six heures.

Séance du 2 avril.

Nombre des votants. . . .	262	majorité
Boules blanches.	108	pour le rejet,
Boules noires.	154	46 voix.

Plusieurs Membres. — « Voilà quinze jours de perdus (1). »

Séance du 3 avril.

Une vive discussion s'est engagée sur l'appel nominal ; après deux vérifications, il a été reconnu que la Chambre n'était pas en nombre.

Séance du 6 avril.

Nombre des votants : 373.

Il s'agissait de l'exclusion des fonctionnaires.

Séance du 8 avril.

Nombre des votants : 235.

L'adoption de la loi sur la vente à l'encan.

Séance du 10 avril.

Nombre des votants : 234.

(1) S'il y avait eu 400 votants, la loi aurait peut-être eu un autre sort.

Séance du 15 avril.

Nombre des votants : 252.

On a voté les crédits supplémentaires et extraordinaires de 1841, compris Alger. Cette loi est de la plus haute importance, et il ne s'y est trouvé que 252 votants !

Séance du 23 avril.

Nombre des votants : 258.

On a voté la loi sur le recrutement : c'est également une loi des plus importantes ; elle se rattache à la défense du pays, à la vie de nos enfants et aux finances, et il ne s'y est trouvé que 258 votants !

Deuxième scrutin. — Un instant après on a voté les pensions militaires; il ne s'y est plus trouvé que 240 votants.

On a voté le même jour :

Troisième scrutin. — Un supplément de crédit de cinq millions ; votants : 230.

Quatrième scrutin. — Compléter la remonte; votants : 236.

L'achèvement de l'hôtel du quai d'Orsay.

Cinquième scrutin (Nul.) — La Chambre n'était plus en nombre.

La séance est levée à cinq heures et demie.

Séance du 26 avril.

Nombre des votants : 231.

Il s'agissait de l'appel de 80,000 hommes de la classe de 1841.

Séance du 27 avril.

Nombre des votants : 240.

Une autre loi n'a pu être votée.

Le scrutin secret a constaté la présence de 180 votants

La séance est levée à cinq heures...

Par le plus beau temps du monde !

Séance du 28 avril.

Nombre des votants : 234.

A cinq heures, la Chambre ne s'est plus trouvée en nombre.

Séance du 29 avril.

Nombre des votants, dans les quatre scrutins, 232 ; 246 ; 230 ; 230.

La séance est levée à quatre heures trois quarts.

Les promenades des Tuileries étaient charmantes !

Séance du 8 mai.

Nombre des votants : 230.

On a adopté plusieurs lois.

Un instant après,

M. Cunin-Gridaine. — « Il y a, dans ce rapport, une » pétition très importante ; il me semble qu'on ne peut » faire ce rapport en présence de vingt membres tout au » plus qui sont dans la salle. »

Séance du 17 mai.

Nombre des votants : 244.

Séance du 18 mai.

Nombre des votants : 231.

Séance du 21 mai.

Nombre des votants : 231.

Séance du 22 mai.

Nombre des votants : 262.

Séance du 24 mai.

Nombre des votants : 230.

Séance du 25 mai.

Nombre des votants : 234.

Vote du budget.

Nombre des votants : 288
171
―――
459

Dans ce vote, sur 459 colléges, 171 n'ont pas été représentés.

CHAPITRE XI.

EXCLUSION DES FONCTIONNAIRES PUBLICS SALARIÉS.

Proposition de MM. de Remilly, Maurat-Ballange, Pagès de l'Ariège et Mauguin.

Les oppositions cherchent tous les moyens de décomposer la majorité de la Chambre : c'est une conséquence naturelle de leur système. Dans la dernière session, elles ont demandé l'exclusion de la Chambre des fonctionnaires publics, afin de rendre la Chambre plus indépendante, disant qu'un député fonctionnaire qui reçoit un traitement du Gouvernement, ne conserve pas son indépendance.

M. Thiers voulait établir une catégorie : il admettait les *hauts* fonctionnaires et éloignait les *petits* : c'est sa propre expression dans le septième bureau.

Une catégorie serait difficile sans blesser la dignité des fonctionnaires exclus ; et, sans catégorie, un ministre ne pourrait pas être député.

Cette proposition avait la plus haute portée :

1° Elle diminuait d'un grand nombre les candidats ;

2° Elle mettait en suspicion tous les fonctionnaires publics ;

3° Elle privait la Chambre des plus grandes lumières ;

d'un autre côté, elle violait l'article 69 de la Charte, § 3 : il est ainsi conçu :

« Il sera pourvu successivement par des lois séparées, et » dans le plus court délai possible, aux objets qui suivent :

» 1° L'application du jury aux délits de la presse et aux » délits politiques ;

» 2° La responsabilité des ministres et autres agents » du pouvoir ;

» 3° La réélection des députés promus à des fonctions » publiques salariées. »

En effet, un député qui accepte une fonction publique salariée est renvoyé devant les mêmes électeurs ; ils peuvent le renommer ou ne pas le renommer.

Il est évident qu'on ne peut exclure les fonctionnaires publics de la Chambre sans détruire le § 3 de l'article 69 que nous venons de citer.

L'article 64, titre V de la loi électorale, s'est renfermé dans les incompatibilités départementales. Le législateur a voulu fermer la porte aux influences que les hauts fonctionnaires publics pourraient exercer sur les électeurs du département où ils remplissent leurs fonctions. Cette exclusion n'est pas absolue ; un fonctionnaire peut être élu dans un département ou dans un arrondissement hors du ressort de ses fonctions.

Le § 3 de l'art. 69 de la Charte est incontestablement contre la proposition ; car si l'on voulait lui donner une autre interprétation, cette interprétation s'appliquerait également au premier paragraphe du même article, ainsi conçu :

« L'application du jury aux délits de la presse et aux « délits politiques. »

Assurément, on ne peut supposer aux oppositions l'intention d'abroger cet article.

L'exclusion des fonctionnaires publics salariés aurait de graves inconvénients et aucun avantage; ce ne sont pas eux qui ont pu empêcher la coalition, un grand nombre en faisait partie; ce ne sont pas eux qui donnent une majorité au Gouvernement : si cela était, il n'y aurait pas si souvent un changement de ministère; d'ailleurs, ce n'est pas dans l'esprit de nos institutions de confisquer les talents des petits fonctionnaires au profit des grands.

Cette proposition mènerait plus loin qu'on ne pense. Des petits fonctionnaires, rien n'arrêterait d'en venir aux grands; on pourrait invoquer le même principe à l'égard de la Chambre des pairs, où il y a aussi des fonctionnaires publics salariés. Et la Chambre des députés pourrait être entraînée, sans le vouloir, à démolir ainsi la Charte, article par article. Je m'arrête devant ces fâcheuses conséquences.

Je fais ici une prophétie politique : si la tenacité de quelques députés voulait reproduire cette proposition sous quelque forme que ce fût, et quand bien même la Chambre l'adopterait, elle serait à toutes les époques rejetée par la Chambre des pairs.

J'ai dit plus haut : c'est une honorable ambition d'arriver à la députation; c'est une source de fortune; les petits fonctionnaires déploient souvent de grandes connaissances qui les élèvent aux yeux du pays : je citerai M. Thiers, lui-même; s'il n'avait déployé un prodigieux talent de tribune, il n'aurait peut-être jamais été un grand fonctionnaire; mais lorsqu'un petit devient grand, il voudrait effacer jusqu'aux souvenirs de son origine.

Voici un passage du discours de M. Thiers dans le septième bureau :

« Je ne les accuse pas de dépendance, mais je les » crois beaucoup plus portés que d'autres à se mêler aux » intrigues parlementaires, beaucoup plus remuants, » beaucoup plus gênants pour la liberté des minis- » tres, etc., etc. »

La Chambre veut-elle s'affranchir des solliciteurs fonctionnaires ou non fonctionnaires, il se présente un moyen bien simple : elle n'aura qu'à prendre la résolution d'honneur, que les députés s'interdissent eux-mêmes de solliciter soit pour eux, soit pour leurs parents et amis.

Le ministère, de son côté, prendrait la résolution de ne rien accorder aux députés.

Ces résolutions auraient un double avantage : elles fermeraient la porte à toutes les faveurs, et produiraient une grande économie de temps aux députés et aux ministres.

Le principe des oppositions est rationnel; elles veulent l'indépendance complète d'un député, et elles font de cette indépendance une question d'argent; car si des fonctions publiques salariées font perdre aux députés leur indépendance, cette perte se trouve dans le salaire qu'ils reçoivent : la conséquence se présente naturellement : pour être un bon député, il faut avoir une fortune indépendante. Je suis parfaitement d'accord avec les oppositions sur ce point.

Si les oppositions veulent être conséquentes dans leur principe, elles n'auront qu'à proposer à la Chambre de porter l'éligibilité d'un député à 1,000 fr.

L'augmentation de 500 fr. remplacerait largement tous

les traitements possibles d'un fonctionnaire public; et pour établir une parfaite égalité et une indépendance complète, il faudrait accorder aux députés un traitement aux conditions que j'ai proposées chapitre IX.

Les cultivateurs, les propriétaires, les industriels, les artisans, toute la classe ouvrière, n'examinent pas les intérêts personnels des hommes qui paient un cens de 500 fr. ou de 1000 fr.; ils ne considèrent que ceux qui peuvent donner la plus forte garantie au bien-être du pays.

CHAPITRE XII.

CHAMBRE DES PAIRS.

La Chambre des pairs est un des trois pouvoirs constitutionnels : elle se compose des illustrations de toutes les époques.

La loi du 29 décembre 1831 a déterminé les classes et les catégories dans lesquelles le Roi peut choisir les pairs.

La Chambre des pairs est composée de magistrats, de jurisconsultes, d'officiers supérieurs de terre et de mer, de savants, de grands propriétaires, de financiers et d'industriels.

On ne peut maintenant arriver à la pairie qu'avec une grande expérience des hommes et des choses.

Presque tous les pairs possèdent des fortunes indépendantes; ils n'ont pas besoin de flatter la popularité, et n'ont point d'intérêt de localité à satisfaire : ils tiennent leur nomination du Roi, on n'y arrive que lorsqu'on tient un rang élevé dans la société, et qu'on jouit d'une haute considération ; un pair est presque toujours désigné d'avance par l'opinion publique ; il ne doit sa nomination qu'à son mérite personnel et à sa position sociale ; garantie suffisante pour la société; c'est une aristocratie dans la démocratie; il n'y a aucune pension, aucun traitement, aucune dotation attachée à la pairie.

Examinez la Chambre des pairs; prenez les pairs individuellement : voyez ce qu'ils ont été, passez en revue toute leur vie, regardez ce qu'ils sont hors la Chambre; ils ne doivent pas leur nomination au hasard de quelques voix de majorité.

Pour être membre de la Chambre des députés, il faut payer 500 fr.; il n'y a pas d'autre condition à remplir. La loi est beaucoup plus rigoureuse pour le candidat à la pairie.

Les pairs sont nommés à vie; ils représentent les pères de l'État; ils doivent tenir avec fermeté la balance, entre les deux autres pouvoirs constitutionnels : et ce grand corps politique a déjà donné, à diverses époques, des preuves de son indépendance et de son inviolable attachement aux intérêts généraux de la France.

Dans la Chambre des pairs, il n'y a pas cette rivalité, ces discussions irritantes, ces personnalités comme à la Chambre des députés; les lois sont discutées avec maturité et sagesse; il est seulement à regretter que la Chambre des pairs ne prenne pas plus souvent l'initiative pour le perfectionnement de nos lois. Les pairs n'ont pas de réélection à craindre, ni d'intérêt de localités à défendre; ils ne font point de profession de foi et ne sollicitent pas leur nomination; leur indépendance est complète, et ils en ont souvent donné des preuves.

Dans la loi sur les fortifications de Paris, l'opposition était si nombreuse, que le Gouvernement a été obligé de battre la générale diplomatique pour faire arriver de toutes les ambassades les pairs, afin d'obtenir une faible majorité.

Sous la Restauration, la Chambre des députés a adopté presque tous les projets de loi que le Gouvernement a proposés. La Chambre des pairs, qui avait alors le privilége de l'hérédité, a montré plus de patriotisme que la Chambre des députés; elle a rejeté plusieurs lois anti-nationales et contraires aux intérêts publics.

Elle a modifié la loi sur le jury, elle a rejeté la loi sur la presse et celle sur le droit d'aînesse. Le jour du rejet de cette dernière loi, les habitants de Paris ont illuminé leurs maisons. C'était une fête nationale pour toute la France. Cette fête se serait renouvelée si la Chambre des pairs avait rejeté la loi sur les fortifications de Paris. Elle a manqué la plus belle occasion de se populariser naturellement.

La presse hostile saisit toutes les occasions pour déconsidérer la Chambre des pairs dans l'opinion publique, parce que la Chambre des pairs est conservatrice, et que la presse hostile ne veut que la désorganisation.

La Chambre des pairs est une barrière contre l'envahissement de toutes les oppositions; elle reste calme, et jusqu'à présent elle a su faire respecter la puissance qu'elle tient de la Charte de 1830.

La Chambre des pairs de 1830 a maintenu le mauvais précédent de la Chambre de 1814; je veux parler de la discussion du budget.

La Chambre des députés, du jour où elle a voté le budget, vote de fait la clôture de la session; les députés se retirent, et la clôture légale est prononcée plus tard en face des banquettes.

La Chambre des députés se place par là au-dessus de la Chambre des pairs; elle enlève à la Chambre des pairs la faculté de discuter et d'amender le budget, qui est la loi la plus importante de l'État. C'est comme si la Chambre des députés disait à la Chambre des pairs : « Nous avons voté le budget, vous n'avez rien à y voir. » En effet, elle est contrainte de voter le budget; un amendement exigerait la présence des députés à la Chambre, et le service public pourrait être entravé. Les commissions, les examens, les discussions et les rapports au sujet du budget à la Chambre des pairs, tout cela n'est qu'une fiction. Cependant la Chambre des pairs n'a pas le droit d'abandonner ses prérogatives; ses lumières appartiennent à la France; elle se trouve dans la nécessité d'écrire au bas du budget : *bon pour le budget de l'année... approuvé l'écriture ci-dessus.*

Depuis que la Charte existe en France, la Chambre des pairs n'a pu, de fait, discuter un budget, excepté l'année où il y a eu deux sessions.

Le pouvoir constitutionnel de la Chambre des pairs a été jusqu'à présent nul sur ce point. Une loi qui ne peut être amendée par un des pouvoirs de l'État, est une violation de la Charte (1).

La Chambre des pairs a bien compris sa fausse position; elle réclame tous les ans l'exécution de la Charte, mais elle se borne à ces réclamations.

Si la Chambre des pairs se contente d'enregistrer le

(1) Toute loi doit être discutée et votée librement par la majorité de chacune des deux Chambres. (Art. 16 de la *Charte.*)

budget, elle donne au pays, sur ce point, le droit de la considérer comme une Chambre conciliante.

Les électeurs ont le droit de faire des reproches aux députés qui quittent Paris avant la clôture légale de la session, ils peuvent ne pas les renommer; mais ils n'ont aucune action contre les pairs qui sont nommés par le Roi. C'est donc à la Chambre des pairs elle-même à prendre l'initiative, à proclamer son indépendance, en face de la France et de l'Europe, et à prouver qu'elle veille à la conservation de nos institutions constitutionnelles.

La France a le droit de compter sur le patriotisme et l'indépendance de la Chambre des pairs; alors seulement, le Gouvernement constitutionnel, en France, sera une vérité, lorsque les électeurs, les députés et les pairs rempliront tous leur devoir. Le pays aurait réellement un contrôle et une double garantie.

La Chambre des pairs aura aussi des modifications à faire à son réglement, concernant les pairs absents sans cause légitime. Un pair de France a aussi de grands devoirs à remplir envers le pays.

CHAPITRE XIII.

GUERRE. — PAIX. — FINANCES. — M. DE ROTHSCHILD. — M. THIERS.

Le traité de Vienne a rétabli l'équilibre politique en Europe; la diplomatie a pris un caractère de bonne foi qu'elle n'a jamais eu sous la puissance de Napoléon : il la tenait sous son épée : elle ne pouvait agir que par contrainte : toutes les puissances devaient agir contre l'Angleterre, et toutes voulaient favoriser l'Angleterre.

La politique de Napoléon et la politique des puissances étaient inspirées par des intérêts opposés.

Les longues guerres de la France et de l'Europe ont décimé les populations, dévasté les pays et ruiné les finances. Les souverains ont senti la nécessité de réparer ces maux : une alliance fut conclue pour la conservation d'une longue paix.

Il s'agissait de se donner mutuellement une garantie pour conserver la paix; toute idée de conquête ou d'agrandissement dut être abandonnée, et, en effet, depuis vingt-cinq ans, l'Europe jouit du bienfait de la paix.

Cette union européenne, entre les cinq grandes puissances, existe; s'il est survenu quelque légère mésintelligence, on les a vues se réunir d'un commun accord;

et aviser à tous les moyens de conciliation, pour éviter une rupture, et aussi longtemps que cette sainte harmonie régnera, la paix européenne sera conservée.

Cette alliance profitera aux souverains, comme aux peuples.

Si cette harmonie pacifique menaçait un instant de se rompre, il faut le dire avec l'accent de la vérité, on ne devrait l'attribuer qu'aux fanfaronnades d'un ministre révolutionnaire, qui voulait effrayer toutes les puissances, ou tout bouleverser, dans des intérêts qui ne sont pas ceux de la France : c'est ce que nous développerons plus loin.

La Révolution de 1830 avait menacé de rompre l'alliance européenne ; mais la sagesse de Louis-Philippe et des puissances a maintenu cette alliance et conservé la paix.

La bataille de Navarin, la création du royaume belge et de celui de la Grèce ont replacé la France au premier rang.

Une guerre entre le pacha d'Égypte et le sultan, réveilla tous les intérêts européens : on a négocié pendant plusieurs années, sans pouvoir arriver à aucun résultat. Tel était l'état des choses en juillet 1840.

Je n'ai pas l'intention d'écrire une histoire, je veux seulement arriver en droite ligne à la signature du traité du 15 juillet.

La position du vice-roi d'Égypte, à l'égard du sultan, était devenue un sujet de crainte pour la tranquillité de l'Europe : les puissances voulaient finir ces interminables négociations.

Les conditions d'un traité définitif furent arrêtées : quatre puissances étaient d'accord ; la cinquième, M. Thiers, ministre des affaires étrangères, ne l'était pas. Il ne faut pas confondre ici M. Thiers avec la France, car la France était d'accord avec les quatre puissances, puisqu'après la chute de M. Thiers, elle a accepté le traité.

Il est à remarquer que ce traité n'a stipulé ni agrandissement, ni privilége, en faveur d'aucune des puissances contractantes; il ne pouvait donc porter aucun ombrage à la France; chacun a conservé la position qu'il avait avant le traité. La Russie avait déjà donné une immense garantie de son désintéressement et de sa fidélité à remplir ses engagements. Voici comment s'est exprimé M. de Lamartine à la Chambre, le 1er décembre 1840:

« J'étais à Constantinople en 1833 : M. le comte Orloff, alors ambassadeur à Constantinople, et général en chef des troupes russes, me fit lire la lettre de l'empereur; la voici :

« Puisque je l'ai promis à la France, faites embarquer mes troupes et faites partir la flotte du Bosphore, le jour même où vous apprendrez qu'Ibrahim-Pacha a commencé son mouvement de retraite dans l'Anatolie. Lorsque la Providence a placé un homme à la tête de soixante millions de ses semblables, c'est pour donner de plus hauts exemples de fidélité à sa parole, et du plus scrupuleux accomplissement de ses promesses. »

D'ailleurs la France n'avait ni le droit, ni la force d'empêcher les quatre puissances de faire un traité, dont aucune stipulation, encore une fois, n'a attaqué l'honneur, la dignité et les intérêts de la France.

Pouvait-on supposer que les quatre grandes puissances de l'Europe s'inclineraient devant la jactance et les exigences de M. le ministre des affaires étrangères, dont la conduite, dans l'évacuation d'Ancône, ne doit pas leur avoir inspiré une confiance illimitée.

Les débats publics, entre M. Thiers et M. Guizot, ont clairement expliqué les positions respectives des partis.

La France n'avait que des intérêts secondaires dans la question égyptienne : la dignité et l'honneur de la France n'ont pas souffert d'atteinte : il n'y avait pas l'ombre d'un cas de guerre ; c'est là le fond de la question.

Dans l'hypothèse que la France eût été d'accord, et qu'elle eût signé le traité avec trois autres puissances, la cinquième qui aurait refusé de signer, se trouvait dans la même position où s'est trouvée la France. Je le demande, une des cinq puissances aurait-elle voulu, aurait-elle pu faire la guerre aux quatre autres puissances signataires du traité ? traité dont le but est de maintenir la bonne intelligence en Europe. Une pensée contraire ne peut même se supposer : une puissance ne peut faire la guerre aux quatre autres, lorsqu'elle n'est pas attaquée. M. Thiers pouvait-il avoir la prétention de lever si haut sa réputation, d'envoyer une diplomatie ambulante marchander les conditions et l'exécution d'un traité signé et ratifié par les grandes puissances ? Non, cette résistance ne pouvait que cacher un autre motif.

L'union des quatre puissances dans les conditions du traité, ne donnait pas moins de garantie à la France qu'aux autres puissances.

Si les souverains persistent à consulter les intérêts des peuples, ils maintiendront l'intégrité des États, et par conséquent l'équilibre européen : ce sera le moyen de conserver encore longtemps la paix ; la véritable gloire nationale, et la gloire la plus durable des princes, c'est la conservation de la paix; tout s'obtient par la paix, tout se perd par la guerre.

Certes, lorsqu'un traité d'équité et de justice, basé sur la conservation de la paix, un traité qui n'a aucun caractère de coalition ou d'hostilité, est signé par quatre puissances, la cinquième ne peut le refuser; d'ailleurs on ne l'oblige pas.

Les puissances semblaient dire à la France : Signez-le, ou ne le signez pas; nous l'exécuterons avec vous ou sans vous, comme cela a eu lieu, et la France n'a pas eu à s'en plaindre.

Le ministère Thiers a fait proclamer tous les jours par ses journaux, afin de se rendre populaire, que derrière ce traité il y en avait un autre contre la France (1). On a vu au contraire que l'objet de ce traité était d'éviter la guerre et non de la provoquer : il ne faut que du bon sens pour s'en convaincre.

Aucune puissance ne peut faire seule la guerre à toutes les autres. Si l'Angleterre le voulait, elle serait elle-même en état de blocus; elle s'isolerait de toutes les puissances : la marine française et russe, avec les corsaires, arrêteraient son commerce; ses colonies, ses possessions dans l'Inde seraient menacées; sa tranquillité intérieure en danger; ses finances ruinées; il est moralement et politiquement impossible que l'Angleterre puisse soutenir longtemps une guerre contre l'Europe; elle le sait, et elle l'évitera.

Il faut faire la part aux circonstances; la position

(1) Voir à ce sujet *la Presse* du 16 juillet 1841.

n'est pas la même qu'à l'époque où les baïonnettes de Napoléon commandaient à l'Europe.

J'arrive à la France.

La France ne peut soutenir une guerre contre la Prusse, l'Autriche, la Russie et l'Angleterre; elle aurait à lutter contre les forces de terre et de mer, contre les passions et les exigences de l'intérieur.

La République, le Consulat et Napoléon n'ont jamais été en guerre contre toutes les forces de l'Europe. Ce n'est qu'après le désastre de Moscou que toute l'Europe a tourné ses armes contre Napoléon. Une attaque contre la France devenait une guerre de principes. L'Europe *sera Charte*, ou la Charte sera tuée par l'Europe.

En cas de guerre, les puissances auraient réuni toutes leurs forces comme elles l'ont fait contre Napoléon. On aurait vu dans une guerre offensive de la part de la France, le retour d'un Napoléon de l'île d'Elbe. La guerre une fois commencée, aucun arrangement n'était possible; c'était, comme nous disons, une guerre à mort entre la Charte et l'Europe.

M. le président du Conseil ne pouvait penser que la France pourrait soutenir une guerre de terre et de mer contre toute l'Europe. Les étrangers n'ont pas été effrayés; ils n'ont pas levé un seul homme, et les hostilités en Syrie ont continué! M. Thiers a fait rentrer la flotte pour éviter toute espèce de rencontre.

Il voulait, disait-il, se préparer pour faire la guerre au printemps. N'était-ce pas dire aux signataires du traité du 15 juillet. « Permettez-moi de monter ma cavalerie chez » vous, et ne bougez pas jusqu'à ce que je sois prêt; au » printemps, j'arriverai avec mes 900,000 hommes pour

» vous écraser tous.. » Cet aveu a éte fait à la tribune de la Chambre.

Si les armements eussent continué, un mois plus tard la guerre était sur mer; et, au commencement de 1841, la France aurait eu à combattre sur la frontière toutes les forces européennes; cependant sur 459 députés, pas un n'a eu le courage et le patriotisme de mettre franchement le ministre Thiers en accusation; on n'a pas osé, parce qu'on a craint tôt ou tard son retour aux affaires.

Non, cent fois non, M. Thiers ne pouvait avoir la bonhomie de croire que les étrangers auraient laissé armer la France pour les envahir au printemps, sans se mettre en mesure de prendre les devants! Je ne le pense pas; la raison se refuse à le croire.

La France en paix avec le continent pourra soutenir, avec succès peut-être, une guerre maritime.

La France en paix sur mer pourra soutenir une guerre continentale, mais elle ne pourra pas soutenir à la fois une guerre générale par terre et par mer. Du côté de la mer, nos ports bloqués; du côté des frontières de terre, point de commerce; bloquée par terre et par mer, il n'y aura pas d'exportation, une masse d'ouvriers sans ouvrage et sans pain, point de transactions, les recettes publiques réduites, et point d'argent: voilà le triste tableau qu'offrirait la France.

La France de 1840 n'est plus la France de 1789, comme l'Europe de 1789 n'est pas l'Europe de 1840.

La République a soutenu la guerre avec les grandes boucheries de la Terreur; Napoléon a fait la guerre avec les glorieuses boucheries de l'Empire.

Si les mânes de ces deux époques pouvaient se relever

de leurs tombeaux, les partisans de la République et de l'Empire reculeraient de honte devant leur opinion.

Cependant c'est vers ces deux régimes que le vent révolutionnaire a voulu pousser la France.

A Dieu ne plaise que je veuille rapetisser les forces de la France. Je ne prétends rehausser ni rabaisser la force d'aucune puissance; je ne veux attiédir ni échauffer le patriotisme d'aucune nation, ni blesser la susceptibilité nationale de qui que ce soit. Je laisse à chacun ce qui lui appartient; je ne fais qu'exprimer une vérité consacrée par la raison publique. Puisqu'aucune puissance en Europe, pas même l'Angleterre, ne pourrait seule soutenir une guerre contre les autres puissances réunies, la France se trouverait-elle dans une position exceptionnelle? M. Thiers a eu cette présomption; par sa jactance, il a, sans armée, sans argent et contre l'opinion publique, provoqué toute l'Europe. Il y a quelque chose là-dessous dont M. Thiers seul possède le secret.

Il demeure établi que les puissances agissant dans l'intérêt de la paix, la France ne pouvait hésiter de se joindre à elles, à moins de leur faire la guerre. Comme dans le traité des quatre puissances, il ne s'agissait que de quelques bourgades de la Syrie, la France ne pouvait refuser de le signer.

Cependant le ministère Thiers a refusé et a répondu par des armements et des provocations.

La question changerait de face si, par suite de ce traité, l'équilibre européen était menacé; si on en voulait à notre indépendance, à nos libertés, à nos institutions; alors la guerre serait nationale, la guerre à outrance, la guerre partout; alors la France en appellerait à tous les peuples;

alors la Charte serait le drapeau de la propagande ; notre cause serait celle de tous les peuples.

Mais rien de tout cela n'existe ; on est bien loin de vouloir humilier la France. Le ministère Thiers a vu la guerre où il ne devait voir que la paix ; véritable don Quichotte politique, il a voulu voir partout des ennemis. M. Thiers a crié aux armes ! il a fait sonner la trompette guerrière, il a menacé de sa propagande l'Europe entière ; il a fait insulter par ses journaux le ministère anglais ; ses journaux de Paris et de la province ont représenté la France comme prête à être envahie ; il a réveillé toutes les passions révolutionnaires.

Depuis dix ans, l'opposition répète tous les jours que la France est mal gouvernée, qu'elle s'abaisse devant l'étranger et qu'elle s'affaiblit : voilà que M. Thiers veut la guerre. L'opposition ne se fatigue pas de nous dire tous les jours que la France est assez forte pour faire une guerre de propagande contre toute l'Europe. On peut donc tirer la conséquence toute naturelle que, ou l'opposition a trompé la France pendant dix ans, ou elle la trompe maintenant.

En effet, si la France avait été mal gouvernée, si elle s'était réellement affaiblie, elle ne pourrait pas faire une guerre de propagande contre l'Europe ; si, au contraire, elle peut la faire, elle a été bien gouvernée, et elle a augmenté ses forces.

C'est le ministère Thiers qui a affaibli la France, et les étrangers l'ont laissé faire. Il a fait une guerre de propagande à l'intérieur qui nous a ôté les moyens de la faire au dehors ; il a enchaîné la France financière pour de longues années ; les dépenses augmentent, et les dettes restent. On a trop compté sur une prospérité de long avenir. Quand même pendant six années une paix intérieure et extérieure se maintiendrait, il nous faudrait encore au moins six autres années de paix consécutive pour exécuter nos différents travaux. Les gouvernements absolus auront fini leurs chemins de fer, leurs canaux et leurs routes, quand la France constitutionnelle pourra commencer ces travaux. Les gouvernements étrangers ont un autre avantage sur nous : c'est la rapidité de l'exécution. Pendant que les Chambres discutent, les autres agissent. Nous nous proclamons la nation la plus éclairée et la plus civilisée, et nous nous plaçons en arrière des autres nations.

Revenons à M. Thiers.

Il a laissé troubler l'ordre, dans tous les théâtres, par des chants révolutionnaires.

Il est certain qu'une douzaine d'individus, des claqueurs, des marchands de contremarques, ont fait la loi à l'élite de la société ; ce qui n'est pas arrivé avant le traité de juillet ; ces chants et ces cris ont disparu avec la chute du ministère Thiers ; j'invoque le souvenir de toute la population parisienne (1).

Lorsqu'un ministère est obligé d'appeler à son aide les marchands de contremarques et de tolérer ces chants révolutionnaires au théâtre, il avilit son autorité et humilie la nation.

(1) La *Marseillaise* n'est pas défendue par la loi, ce n'en est pas moins un chant révolutionnaire, et il est défendu de chanter sur la scène ce qui n'est pas porté sur l'affiche du théâtre.

M. Thiers s'est ainsi préparé à la guerre. Il a fait des levées d'hommes, des marchés et des dépenses considérables que la position de la France ne justifiait pas. Il n'a pas même attendu l'assentiment des Chambres, et ne s'est pas occupé du déficit du trésor. Après avoir fait les dépenses, il a demandé le consentement des Chambres; le bois de Boulogne était déjà dévasté.

Louis XIV a dit: pour faire la guerre, il faut trois choses: de l'argent, de l'argent, et encore de l'argent. Mais Louis XIV était un roi absolu, le dernier écu et le dernier homme lui appartenaient.

Actuellement, pour faire la guerre, il faut outre l'argent, des hommes et une forte majorité dans la Chambre des députés. Quant à l'argent, on n'en aura pas; les hommes ne manqueront pas; pour ce qui est d'une forte majorité dans la Chambre, elle est possible.

Les premiers préparatifs de la guerre ont exigé une dépense d'environ 700 millions. Ce n'étaient que les préparatifs; on ne connaissait et on ne pouvait pas connaître les dépenses que la guerre aurait nécessitées. Ce calcul a échappé au ministère et aux Chambres.

Eh bien! Ces premiers 700 millions, on ne les aurait pas trouvés...... Écoutez la France financière, la France propriétaire, les conservateurs, les électeurs n'ont pas vu la la nécessité de guerre. La France n'a vu qu'une ambition cachée d'un ministre, qui, à tout prix, voulait provoquer un mouvement révolutionnaire. A l'aide de sa popularité, il voulait tout entraîner au nom du patriotisme.

On comptait sur la sagesse du Roi; mais on craignait qu'il ne fût entraîné par les manœuvres de M. Thiers, car il pouvait se présenter telles circonstances qui auraient augmenté son crédit. Dans cette anxiété, la méfiance s'est emparée de tout le monde; toutes les transactions furent suspendues, le commerce d'exportation arrêté, et il y eut une baisse énorme sur les fonds publics.

Le 15 juillet, le traité a été signé à Londres. Le 17, il a été signifié à l'ambassadeur de France à Londres; le 18 au soir, ou au plus tard le 19 au matin, M. le président du Conseil devait en avoir connaissance.

Le cours du 3 % était, le 20 juillet, à 86, 55
et le cours du 5 %. 119, 10

Le 6 octobre suivant, le cours du 3 %
était. 65, 25
et le cours du 5 % 100, 50

Il ne faut pas perdre de vue ces cours (1). Le ministre n'a fait connaître les nouvelles que le 26 juillet; on pouvait donc faire de grandes opérations du 19 au 26 juillet, et il s'en est fait d'énormes du 26 juillet au 6 octobre; les variations étaient souvent de 1, 2, 3, 4 fr., soit en hausse, soit en baisse, dont le résultat en baisse est de 20 francs sur le 3 %, et de 19 sur le 5 %, et il n'existait encore alors que des craintes de guerre.

Il est probable que si la guerre avait eu lieu, les 3 % seraient tombés à 40, et le 5 % à 70, et peut-être au dessous; les cours auraient varié journellement, d'après les mauvaises nouvelles, comme il est arrivé après le traité du 15 juillet 1840.

(1) Le 19 juillet était un dimanche; le 26 juillet était aussi un dimanche. On fait des affaires les jours de fêtes à la petite bourse au *Café de Paris*.

Ces variations auraient été une mine d'or à exploiter par tous ceux qui auraient eu les premières nouvelles de tous les événements, tant à l'extérieur qu'à l'intérieur; car on pouvait tirer parti de l'un et de l'autre.

En avril 1831, le plus bas cours du 3 % était 46, et du 5 % 75 (1). A cette époque, l'Angleterre soutenait la France, une guerre générale n'était pas probable.

Assurément, la France en guerre avec toute l'Europe, on pouvait avoir des craintes fondées que le semestre ne serait pas régulièrement payé. On ne peut dire où la baisse se serait arrêtée. Il n'y avait que deux moyens de faire la guerre : l'un par les moyens révolutionnaires; l'autre, par des emprunts. Je ne discuterai pas le premier: le passé a déjà répondu. Le second est impossible. D'abord on ne pouvait compter sur la stabilité des cours; les variations eussent été trop fortes; aucune puissance financière n'aurait pu soutenir un cours; ensuite, on n'aurait pas trouvé de prêteurs.

Les banquiers respectables n'exposent pas leur fortune ni leur crédit dans une éventualité de bonnes ou de mauvaises nouvelles. Quand bien même il se serait trouvé des aventuriers comme il s'en trouve toujours dans les grands événements, ils auraient complètement échoué. Il ne s'agissait pas de quelques millions; c'était 700 millions qu'on demandait pour commencer la guerre.

Ordinairement les banquiers s'entendent ensemble pour

(1) En novembre 1813, au retour de Napoléon à Saint-Cloud, le cours de 5 % était à 45 ; les actions de la Banque à 504 : on cherchait à faire un emprunt. Les banquiers n'auraient pas prêté au Gouvernement 100 fr.

se charger d'un emprunt; l'un d'eux ouvre une souscription; ils ne font les avances de leurs propres capitaux que du dépôt que le gouvernement exige. Dans les circonstances ordinaires, les souscriptions dépassent toujours la somme de l'emprunt. Ils ont la faculté de céder tout l'emprunt ou d'en céder une partie; c'est-à-dire ils peuvent vendre d'avance avec un bénéfice ce qu'ils ont le projet d'acheter.

La maison d'un banquier est une maison à deux portes: l'argent qui sort par une porte doit rentrer par l'autre.

Tous les banquiers ont des affaires courantes qui absorbent une partie de leurs capitaux. Une guerre intercepterait toutes les communications, entraînerait des liquidations forcées, l'argent disparaîtrait, le crédit serait resserré et la confiance publique s'affaiblirait. Si on ouvrait une souscription pour un emprunt, il ne se présenterait pas de souscripteurs, et l'emprunt deviendrait impossible.

En guerre, le lendemain d'un emprunt, la hausse ou la baisse dépend de bonnes ou de mauvaises nouvelles.

En paix, il peut se faire des emprunts sans souscripteurs; mais le lendemain de l'emprunt, on les appelle, on leur en accorde une portion avec ou sans bénéfice.

En paix, les prêteurs accordent une faible portion aux souscripteurs; ils leur vendent la veille ce qu'ils ont l'intention de racheter beaucoup plus cher le lendemain, et ils gagnent à ce marché; ce bénéfice d'une petite portion établit un cours plus élevé qui fait profiter à la totalité, il ne s'agit plus alors que de soutenir le cours. La hausse de l'effet fait gagner tous ceux qui achètent. En guerre, il n'y pas de puissance financière en Europe qui puisse maîtriser les cours des fonds publics.

La maison Rothschild, avec ses grands capitaux et son immense crédit, se trouverait, en cas de guerre, dans la même position que tous les autres banquiers; elle non plus ne peut se passer de la maison à deux portes. M. de Rothschild se trouve engagé dans les fonds publics sur toutes les places; ses capitaux se trouveraient paralysés. Non-seulement il ne pourrait pas se charger d'un nouvel emprunt, il chercherait à faire des pointes sur toutes les places, à raison de sa position, dans le but de soutenir les cours pour acheter peu et vendre beaucoup, de manière à faire des réalisations les moins onéreuses.

M. de Rothschild est une puissance de paix; avec la paix, il peut gouverner les emprunts sur toutes les places où il a une succursale, telles que Bruxelles, Londres, Naples, Vienne et Francfort : le centre est à Paris, parce que, dans la situation où se trouve l'Europe, s'il était question d'une guerre générale, le germe serait en France. Il ne peut y avoir de guerre sérieuse en Europe sans le consentement de la France (1). Avec la guerre, M. de Rothschild ne peut exercer aucune influence sur les fonds publics, son immense fortune se trouverait considérablement écornée par la baisse des fonds publics sur toutes les places de l'Europe.

Une autre raison qui ne permettrait même pas à ce célèbre financier de songer à traiter d'un emprunt, c'est qu'il se trouve placé en Belgique, en Angleterre, en Au-

(1) Dans les grands événements, on voit tous les matins la livrée de M. de Rothschild devant la porte de tous les ministres.

triche et en Italie comme en France. Ces puissances seraient aussi forcées de recourir à un emprunt; il ne pourrait prêter à la fois aux amis et aux ennemis.

Le premier coup de canon tiré en Europe par suite d'une guerre générale, entraînerait l'abdication de la souveraineté financière de M. de Rothschild.

La puissance de M. de Rothschild consiste à envoyer des cargaisons d'or et de lettres de changes sur toutes les places; lorsque les communications sont interceptées, sa puissance se trouve arrêtée, et il rentre dans la vie privée. Voici un fait dont je puis garantir l'exactitude : A une époque de la Révolution de Juillet où la guerre paraissait imminente, une personne auguste a consulté M. de Rothschild sur la possibilité d'un emprunt. M. de Rothschild a répondu, en des termes non équivoques, qu'il ne pourrait se charger d'aucun emprunt, et qu'on ne pourrait espérer de le négocier avec qui que ce fût, qu'il ne fallait pas y songer, etc., etc.

Je crois pouvoir assurer que sa puissance financière a exercé plus d'une heureuse influence sur la conservation de la paix.

Comme avec la guerre aucun emprunt n'est possible, on n'aurait donc pu la faire qu'avec des moyens révolutionnaires.

J'engage particulièrement les électeurs à faire attention à ce que nous venons de dire de l'emprunt; c'est d'une haute importance.

En avril 1831, le Gouvernement avait besoin de 80 millions; le cours moyen du mois était 76 le 5 %. On a ouvert un emprunt national au pair. Le ministre fut autorisé à admettre, jusqu'au 31 mai 1831, jusqu'à la concurrence de 80 millions. Les sommes furent versées, à titre de prêt national, à Paris, au trésor public, et, dans les départements, chez tous les receveurs généraux et particuliers ; on a admis le minimum de 200 fr. On a délivré aux porteurs, des obligations du trésor portant intérêt du 22 mars 1831 à 5 %. Au bout de cinq ans, les porteurs avaient droit d'exiger le remboursement à leur échéance, ou d'échanger à toute époque leurs titres depuis leur émission jusqu'au 31 mai 1836, contre de la rente au pair.

Une ordonnance du 4 mars 1833 a fixé irrévocablement l'emprunt national au capital de 21,422,400 fr. ; ce qui donne lieu à une création de rente 5 %, à 1,071,120 fr. pour liquider cet emprunt (1).

On voit que malgré les conditions avantageuses, l'emprunt national n'a produit que 21,422,400 ; on ne pouvait pas compter sur un emprunt volontaire.

Il aurait pourtant fallu trouver les 700 millions pour commencer la guerre, et bien d'autres millions pour la continuer.

M. Thiers devait le savoir. Celui qui fait des dépenses doit aviser aux moyens de trouver les fonds pour payer, sinon, c'est un prodigue ou un dissipateur, un homme sans ordre, qui mériterait plutôt un conseil judiciaire, que d'être placé à la tête d'un gouvernement ; mais M. Thiers savait que le gouvernement ne pourrait pas faire face par des moyens ordinaires ; il voulait embrouiller le pays. C'est toujours par le mauvais état des finances que commencent les grands événements.

(1) J'ai souscrit dans cet emprunt, pour un capital de 4,800 fr.

Je dis les grands événements, et il y en avait là deux ; le premier, c'est la catastrophe de la bourse, que M. Thiers a provoquée en criant subitement *aux armes !* Cet événement était inévitable, même avec une apparence de guerre, comme je l'expliquerai dans le chapitre suivant. Le second événement n'était connu que de M. Thiers ; je ne sais où son ambition voulait arriver, mais on peut deviner ses projets : il n'était pas content de sa position, il voulait être plus. Il s'est trahi lui-même dans le discours qu'il a prononcé à la commission, le 12 décembre 1840.

M. le président du Conseil fait usage de toutes les ressources financières de la France pour une simple apparence de guerre. La prudence la plus ordinaire exigeait pourtant de ménager les ressources et de penser au lendemain. C'est ce que M. Thiers n'a pas fait.

M. le président du Conseil espérait vendre à des sommes considérables des bois de l'État (1).

En temps de guerre, on n'aurait trouvé à vendre des bois qu'à vil prix ; encore, sur les frontières, théâtre de la guerre, la vente aurait été impossible.

Que la France se tienne donc pour avertie : non-seulement en état de guerre, mais même avec une apparence de guerre, elle ne trouverait pas à faire un emprunt. J'en appelle au témoignage des banquiers et des capitalistes, quelle que soit leur opinion politique. Ce n'est donc que par des moyens extraordinaires que la France pourrait faire la guerre.

(1) Voyez le discours de M. Humann à la Chambre des députés, séance du 12 avril 1841.

Je ne prétends pas qu'on ne puisse faire la guerre sans emprunt; on l'a faite par patriotisme, on l'a faite avec des assignats, on l'a faite par des réquisitions et des emprunts forcés, on l'a faite chez l'étranger avec l'argent de l'étranger. Mais quand on a fait la guerre par ce moyen, ce n'était pas pour les bourgades de la Syrie ni pour satisfaire l'ambition personnelle d'un ministre.

Oui, la France peut faire la guerre sans emprunt, mais une guerre juste, une guerre nationale. La France alors serait comme un rocher sur lequel il n'y aurait qu'à frapper avec une baguette, et il en sortirait des hommes et des trésors.

Que M. Thiers ne se trompe pas, il n'obtiendra jamais de la France que ce qu'il pourra lui arracher par des lois révolutionnaires.

M. Thiers, dans presque tous ses discours, a parlé en son nom propre et non au nom du ministère; ce qui prouve sa puissance dictatoriale. Ses collègues ne peuvent ne pas réclamer leur part de responsabilité, sinon, ils reconnaîtraient eux-mêmes leur nullité. Il y a des ministres qui ne pourraient pas nier que M. Thiers ne soit venu travailler dans leur cabinet, et que dans les grandes questions, M. Thiers, tout en consultant ses collègues, formait à lui seul la majorité ministérielle.

Pour faire la guerre, il faut aussi une puissance exécutive qui puisse agir sans crainte au-dedans comme au-dehors, partout où l'ordre exigera la force publique: sans cette puissance morale et matérielle, la victoire devient impossible.

Il faut aussi, pour faire la guerre, une puissante majorité dans la Chambre. Elle existerait pour une guerre juste et nationale; elle n'existerait pas pour une guerre telle que la voulait M. Thiers. Tout dépend de la majorité de la Chambre : dans une guerre juste, les débats publics sont un puissant levier pour obtenir la victoire; dans une guerre injuste ou douteuse, les débats publics peuvent avoir de graves inconvénients. Toutes les oppositions se réuniraient à la gauche dynastique contre les conservateurs, de façon qu'il pourrait en résulter une nouvelle coalition.

Un ministère qui aurait provoqué la guerre ne pourrait gouverner qu'avec un système de guerre. Une dissolution de la Chambre serait inévitable. Le ministère emploierait tous les moyens qui sont en son pouvoir pour faire arriver à la Chambre, des députés de son opinion; ses journaux égareraient l'esprit public. M. Thiers, ayant une fois une majorité, aurait modifié le ministère pour y faire entrer des hommes dévoués à sa personne et à son système.

M. le président du Conseil voulait un ministère sans partage, et dominer la Chambre élective, agrandir sa réputation populaire, diplomatique et gouvernementale; une circonstance imprévue pouvait seule l'y faire arriver: il a saisi la première occasion qui s'est présentée.

Les vues de M. Thiers datent de loin. Déjà, à une autre époque, quand il devait entrer au ministère, il a voulu faire une question de cabinet de la présidence de la Chambre; il voulait placer sur le fauteuil M. Odilon-Barrot; ce qui indiquait déjà l'intention de déplacer la majorité par une alliance avec la gauche. Il avait perdu la confiance des conservateurs dont il avait été un des fermes appuis, pour se jeter dans la gauche, sans aucun motif connu.

Si l'on vient à examiner les phases politiques par où M. Thiers a passé, on ne peut pas dire ce qu'il est. Il a débuté dans la carrière parlementaire avec des opinions juste-milieu ; ces opinions l'ont placé dans sa haute position ; il a proposé et signé les lois de septembre ; il s'est jeté dans les bras d'Odilon-Barrot, de Léon Faucher et de tous les journaux de l'opposition. Puis il a provoqué à la guerre ; par ses journaux, il a fait insulter les étrangers, et puis il a reculé devant les ennemis de son imagination. Il a fait proclamer par ses journaux que la France a été surprise, exclue, insultée, humiliée; que les étrangers en voulaient à la Révolution de Juillet ; que derrière le traité du 15 juillet, il existait un traité secret. Il a fait retentir les mots magiques *honneur, patrie,* qui trouvent toujours de l'écho en France.

Par la déclaration de lord Palmerston, on a vu qu'il n'y avait pas un mot de vrai dans tout cela ; que toutes ces suppositions étaient mensongères ; M. Guizot nous l'a confirmé, par des pièces authentiques, dans les discussions publiques à la Chambre.

Les quatre puissances pouvaient dire : Ce n'est pas pour le traité que nous avons signé que la France arme ; elle nous menace, elle veut nous faire une guerre de propagande et marcher sur le Rhin ; armons aussi et allons au devant d'elle. C'était réellement la conséquence des irritantes provocations de M. Thiers.

M. Thiers devait de la reconnaissance et de l'attachement à ses amis de dix ans, qui l'auraient toujours soutenu s'il n'avait pas changé d'opinion ; probablement que sans cela il serait encore chef du Cabinet; cette conduite prouve d'abord de l'ingratitude de sa part; secondement sa facilité à changer d'opinion politique; troisièmement son désir d'arriver à une position absolue, et peut-être plus élevée. Il voulait avoir les coudées franches, de façon à provoquer des événements, l'un par l'autre, et précédés d'un grande convulsion financière.

M. Thiers a l'avantage d'être appuyé par ses journaux, mais il a peut-être trop compté sur les journaux et sur son éloquence: il est vrai qu'il soutient avec le même accent de vérité le noir et le blanc; c'est l'avocat de toutes les couleurs : il a un arsenal de principes en réserve. Les mêmes principes qui l'ont fait triompher la veille, il les condamne le lendemain; il élude toutes les questions sérieuses, il s'enveloppe dans son patriotisme, dans l'honneur et la dignité nationale : c'est là son grand cheval de bataille. M. Thiers a des réponses à tout; il est tour-à-tour fanfaron et humble, arrogant et soumis; il commande, il supplie, il rit, il pleure; il se fait grand, il se fait petit : il est souple, il sait se plier à toutes les circonstances; il sait reculer pour mieux sauter; en un mot, on ne peut lui contester un grand talent de tribune.

C'est sans exemple, dans les annales parlementaires, qu'un orateur qui se contredit si souvent ait pu captiver ainsi l'attention d'une Chambre. Ses longs discours de 1840 et 1841 ressemblent à une grande représentation théâtrale qui commence la veille et finit le lendemain : quand on sort, il ne reste que le souvenir d'une comédie bien jouée.

On comprend que lorsqu'un président du Conseil perdant la majorité, est forcé de céder sa place à un autre président d'un système opposé, il devienne chef de l'opposition ; je comprendrais que M. Thiers, voulant arriver à la présidence, à tout prix, se soit rapproché de M. Barrot; mais je ne comprends pas, que lorsqu'il arrive naturellement à la présidence du Cabinet, sans le concours de M. Barrot, avec son ancienne majorité qui s'est reformée, M. Thiers puisse abandonner sa politique rationnelle, sa politique courageuse, qui lui a valu sa haute position, pour se jeter dans les bras d'une opposition qui l'a harcelé pendant dix ans sans relâche (1).

Les actions de l'homme ont un intérêt, et plusieurs inrêts peuvent se réunir; il y en a de plusieurs sortes : intétérêt d'argent, intérêt de puissance, etc., etc.

Quel est l'intérêt ou les intérêts qui pouvaient diriger M. Thiers et l'engager à changer de principes politiques? De quelque manière qu'on envisage la question, on n'en voit aucun.

La guerre. En examinant sa correspondance avec l'ambassadeur de France à Londres, on reconnaîtra qu'il aurait pu facilement, par les négociations les plus simples, conserver la position de la France dans toute son intégrité; il n'y avait qu'une chose à faire : d'accepter le traité, comme on l'a fait, et de ne pas provoquer l'Europe; ce système pacifique, national, juste, n'aurait pas produit une baisse de 20 fr. sur la rente, et des mouvements de hausse et de baisse occasionnés par les nouvelles politiques.

M. Thiers savait que l'enquête qu'il avait fait faire à la

(1) On ne saurait assez recommander aux amis et aux ennemis politiques de M. Thiers, une brochure qu'il a publiée dans le mois de novembre 1831.

Bourse n'était qu'un simulacre. Il savait aussi que la France aurait encore pu se passer des cendres de Napoléon : il avait été moins pressé de les demander à l'Angleterre, quand il était ministre par l'opinion des conservateurs ; mais M. Thiers comptait trouver l'épée du général Bonaparte dans les cendres de Napoléon, pour faire un 18 brumaire civil.

Le ministère, dans une dissolution inévitable de la Chambre, aurait maîtrisé les élections et la majorité, et M. le président du Conseil gouvernait et régnait.

Il est probable que si M. Thiers eût encore été chef du cabinet le jour des funérailles de Napoléon, avec des apparences de guerre ou une guerre déclarée, il y aurait eu quelques grands mouvements révolutionnaires (1).

Il est évident qu'il a voulu populariser l'idée de guerre en France ; il a entraîné jusqu'au grave *Journal des Débats*, qui a mis son sabre en bandouillère et son casque en tête, pour entonner la trompette guerrière.

Le ministère Thiers était un ministère Polignac ren-

(1) M. Thiers qui se proclame un enfant honnête de la Révolution, honore le grand homme qui l'a tuée. M. Thiers, historien, a oublié de nous faire connaître le sort funeste des 76 présidents de la Convention. Le voici :

Guillotinés	18
Se sont suicidés.	3
Déportés.	8
Incarcérés.	6
Fous à lier.	4
Mis hors de la loi.	22

Presque tous les secrétaires de la Convention ont eu la même fin. Que de leçons pour les enfants de la Révolution !

versé : Polignac voulait détruire la Charte pour nous y faire rentrer; Thiers voulait détruire la Charte pour la conserver : comme César, il comptait sur sa bonne fortune, heureusement pour la France la barque Thiers a chaviré.

Dans un gouvernement constitutionnel, la loi trace des limites à tous les pouvoirs; où sont donc ces limites? Lorsqu'un homme peut, de son autorité privée, compromettre l'honneur, la vie et la fortune de 33 millions d'individus, on cherche en vain le gouvernement constitutionnel, la souveraineté du peuple et la responsabilité ministérielle.

On ne comprend pas comment la Chambre, qui a désapprouvé le système de guerre du ministère Thiers, n'ait pas osé le mettre en accusation : c'était un exemple à donner à la France.

Le ministère Thiers aurait pu dire aux puissances : « Ce traité ne satisfait pas entièrement la France; mais, par amour de la paix, et par l'estime de la France pour les grandes puissances, nous l'acceptons; » c'était là le langage d'une politique sage et prévoyante; mais il ne fallait pas insulter les étrangers, les irriter, les menacer de la propagande : chaque pays a son amour-propre et son honneur national.

Le Cabinet a voulu persuader qu'on a voulu humilier la France; il a crié aux armes; il a voulu fortifier Paris. En même temps, il a retiré la flotte du théâtre de la guerre; il a laissé brûler les villes de la Syrie.

Il est probable que si le pacha n'eût pas cédé, M. Thiers aurait laissé brûler Alexandrie.

Quand M. Thiers est entré au ministère, la France était en paix avec l'Europe et dans la plus grande prospérité; lorsqu'il a quitté le ministère, il a laissé la France avec plusieurs centaines de millions de dépenses, livrée aux emprunts, avec un germe de guerre; cependant, la Chambre, au lieu de le mettre en accusation, lui a accordé un bill d'indemnité.

Voici un passage curieux de son discours du 25 février 1841 :

« Eh bien! je dis, me rappelant la question d'Italie, la
» question belge, la question d'Espagne : je tremblais de
» voir les Chambres et le pays prendre des engagements
» aussi positifs, si on ne voulait pas leur donner suite.

» Pour ma part, si on eût ainsi posé la question :

» Voulez-vous pour la Syrie et l'Égypte faire une guerre
» générale? J'avoue qu'on m'aurait mis dans une cruelle
» perplexité. Faire la guerre pour la Syrie et pour l'Égypte?
» J'aurais peut-être répondu négativement. »

Plus loin :

« Je le répète : ce n'est pas pour la Syrie, ce n'est pas
» pour l'Égypte que j'ai exposé le pays à des dangers gra-
» ves; je le reconnais : c'est pour l'honneur de la France. »

Malheureuse France! si son honneur était confié aux mains de M. Thiers; au dire de M. Thiers, on croirait la France deshonorée parce qu'elle n'a pas voulu faire la guerre.

M. Thiers aurait-il la présomption de croire que l'honneur national soit moins bien placé dans les mains de l'illustre maréchal Soult que dans les siennes?

La retraite de M. Thiers était une fête dans presque toutes les familles; si la France en avait été prévenue d'avance, c'eût été une fête nationale.

M. le président du Conseil ne doit son bill d'indemnité

qu'au plus grand des hasards. Ce n'est ni à sa politique, ni à son éloquence qu'il le doit; il le doit à une circonstance qu'il ne m'est pas permis de développer.

Il sait que sur 411 voix de la Chambre élective, 236 l'ont acquitté et 176 l'ont accusé. Ce n'est pas là un acquittement spontané, un élan national, et si l'on voulait faire un calcul qui serait juste, mais qu'on ne peut pas admettre, la minorité deviendrait majorité. La majorité existe, il faut la respecter.

M. Thiers, dans sa chute, est encore un grand embarras pour le Gouvernement et pour la France sous plusieurs rapports :

Il est le grand Lama de la presse hostile. Toute la gauche obéit à M. Thiers ; il la mène au commandement ; il est l'espoir de toutes les oppositions ; il est l'instrument des partis, et les partis sont son instrument. Il est un drapeau révolutionnaire : il s'est proclamé lui-même enfant de la Révolution, mais honnête. Toute la France, et par conséquent toute la Chambre, est composée de pères, frères, enfants honnêtes de la Révolution ; ce n'est ni un titre, ni un privilége : mais il veut flatter la popularité.

Dans tous ses discours il met en avant la révolution. Il ne veut pas l'enrayer, bien au contraire, il veut la lancer au galop. Il ferait le Cincinnatus qu'il ne faudrait pas s'y fier. Quand bien même il serait patriote comme Latour-d'Auvergne, il ne serait pas moins un homme dangereux pour le pays.

Ceux qui auront lu attentivement ses discours, ne se tromperont pas sur ses intentions. La position de M. Thiers est désormais fixée ; il faut qu'il soit TOUT ou RIEN.

M. Thiers, pour arriver au pouvoir, saisira toutes les circonstances; il caressera ses ennemis politiques; il s'accrochera à toutes les branches; il refusera même le pouvoir pour le mieux saisir; et aussi longtemps que la désunion et les animosités de la Chambre existeront, le retour de M. Thiers n'est pas impossible.

M. Thiers voulait se placer à la tête d'une guerre révolutionnaire européenne; s'il eût réussi au moment que j'écris, l'Europe serait à feu et à sang : on ne peut songer sans frémir à combien de malheurs ce mauvais génie a voulu exposer la France.

M. Thiers sera toujours un sujet de discorde dans la Chambre, et il n'y aura d'union possible que lorsqu'il cessera d'être député. *Delenda Carthago.*

Depuis 1788, on a vu bien des hommes, sans antécédents, arriver aux grandeurs politiques, mais on n'a jamais vu avec autant d'assurance soutenir tous les systèmes politiques qui conviennent à sa position.

La fortune politique de M. Thiers a été des plus rapides; elle est sans exemple. En 1830, rédacteur d'un journal, et en 1833, président du Conseil, et cependant il n'était pas content. Voici comment il s'est exprimé le 12 décembre 1840, dans la commission de l'Adresse :

« Je déclare que je n'ai aucune raison de vouloir être » utile à un gouvernement qui m'a si indignement » traité. »

Voici comment il a été traité par ce gouvernement dont il se plaint publiquement.

En 1830, M. Thiers dirigeait avec distinction le *National* et avait écrit l'*Histoire de la Révolution*, ouvrage remarquable sans doute, mais qui n'a pas moins répandu de faux et dangereux principes de gouvernement. Trois mois après la Révolution de Juillet, il est devenu sous-secrétaire d'État. Quelque temps après, il abandonne M. Laffitte qui sans doute l'avait *indignement traité*.

Le 11 octobre 1832, M. Thiers est nommé ministre du commerce. Au mois de janvier suivant, ministre de l'intérieur. Il tombe du pouvoir par un vote de la Chambre, et vingt jours après il est nommé ministre des affaires étrangères et président du Conseil. Il se retire volontairement.

Le 1er mars 1840, M Thiers reprend de nouveau la présidence du Conseil et le ministère des affaires étrangères; il se retire volontairement le 29 octobre suivant.

Tel est le gouvernement auquel M. Thiers ne veut plus être utile; ce gouvernement l'a *si indignement traité!*

Qu'entend M. Thiers par gouvernement? est-ce le ministère? Il a été lui-même ministre plusieurs années, et deux fois président du Conseil; il se serait donc indignement traité lui-même. D'ailleurs un ministère n'est qu'un gouvernement de passage; il change souvent de nom propre. Il ne peut se plaindre que du gouvernement du Roi. Eh bien! le Roi ne pouvait lui donner de plus grands titres, de plus hautes dignités que celle de président du Conseil des ministres. Cela ne lui suffisait pas, il voulait être davantage. Nous le savons, nous l'avons dit; que M. Thiers retourne à la littérature, qu'il dote la France des histoires qu'il lui a promises; c'est là seulement qu'il pourra faire oublier le mal qu'il a fait à la France.

Chapeau bas devant l'éloquente plume de M. Thiers, mais que sa politique soit mise dans un sac de plomb et jetée au fond de la mer.

Malheur à la France, malheur à l'Europe, malheur au Roi, si jamais on avait besoin du concours de M. Thiers pour former un ministère !

CHAPITRE XIV.

DESMOUSSEAUX DE GIVRÉ. — THIERS ET LA BOURSE.

La Bourse de Paris a été le théâtre d'une grande commotion en 1840; une grande baisse d'abord, et par suite, de grandes variations qui ont occasionné des pertes immenses.

On évalue à 20 millions les pertes faites du 27 juillet au 31 octobre 1840 par les particuliers et les agents de change. A cette époque, les pertes étaient connues. Dans cette perte n'est pas comprise la dépréciation des fonds publics, il ne s'agit ici que des pertes réalisées. On attribuait ouvertement la cause subite de cette baisse à M. le ministre des affaires étrangères. On disait qu'il n'avait pas gardé envers tout le monde le secret de la nouvelle qui a occasionné cette baisse.

M. Thiers n'ignore point qu'il n'inspire pas à la Bourse une grande confiance. Est-ce à tort ou à raison? Je ne fais qu'exprimer l'opinion générale de la Bourse. Néanmoins c'est un fait qu'il est nécessaire de constater. Je ne veux accuser personne: narrateur fidèle, je ne me suis proposé que de retracer, avec la plus grande impartialité, tout ce qui s'est passé sous les yeux du public.

Il ne faut pas confondre la Bourse avec les paris de la

Bourse. La Bourse, c'est le centre des finances, c'est le crédit de l'État. La Bourse de Paris gouverne le cours des fonds publics de l'Europe; elle est le baromètre de la guerre et de la paix: la paix en France c'est la paix sur le continent.

La politique du Cabinet, la confiance qu'il inspire, exercent une grande influence sur le cours des fonds publics. Une nouvelle favorable à la conservation de la paix fait la hausse, comme une nouvelle défavorable fait la baisse. Ceci ne demande pas d'explication.

Avant d'aller plus loin, je vais transcrire le discours de M. Desmousseaux de Givré et la réponse du Cabinet à la Chambre, le 5 décembre 1840, extraits du *Journal des Débats* du 6 du même mois. Je développerai ensuite ce discours en en faisant ressortir les probabilités et les conséquences.

« M. DESMOUSSEAUX DE GIVRÉ : Ce que je faisais hier pour les questions extérieures, je voulais le faire pour la question intérieure. Je voulais dire tout à l'heure..., si vous m'en donnez la permission, je le dirai tout de suite. (Parlez ! parlez !)

» Je voulais dire que je ne pouvais pas comprendre que le silence dût passer pour un bill d'indemnité (Voix de la gauche : Pourquoi ?) sur quatre points de l'administration intérieure qui me paraissent devoir être traités dans la Chambre. Ces points, les voici : la répression tardive de l'émeute.

» M. DE RÉMUSAT : Quelle émeute ?

» M. DESMOUSSEAUX DE GIVRÉ : L'émeute dans laquelle trois sergents de ville ont été égorgés ; l'intervention illicite de l'administration dans une élection, celle de Corbeil ; le monopole de certains abus, ou plutôt (je ne veux pas me servir ici d'expressions qui puissent blesser la moindre susceptibilité), certains abus touchant la presse.

» Ainsi, l'autre jour, l'honorable président du Cabinet du 1er mars dit qu'il avait été soutenu par la presse de la gauche, et je me rappelle que, dans une séance de la dernière session, plusieurs orateurs de la gauche sont venus se plaindre d'avoir été privés de l'usage de la presse.

» Le quatrième point dont je voulais parler, ce sont les scandales constatés, et je l'en remercie, par l'honorable M. Vivien, garde-des-sceaux du 1er mars. Il y a eu clameur publique tellement puissante, que le chef de la magistrature a évoqué l'action des tribunaux, et je l'en remercie. Il a été, à cette occasion, l'objet d'injustes reproches, et je supplie la Chambre de croire que, dans une question aussi sérieuse, ce n'est pas de l'ironie que je fais à la tribune. Il a été, à cette occasion, l'objet d'injustes reproches ; on lui a dit :

« Vous évoquez l'action des tribunaux contre les propagateurs de
» fausses nouvelles ; vous n'allez pas plus loin ; si des nouvelles vraies
» sont tombées, ont glissé dans des mains indignes, si les moyens du
» gouvernement, si les secrets de l'État ont servi d'instrument au plus
» lâche, au plus odieux brigandage, pourquoi n'évoquez-vous pas contre
» ces désordres l'action des tribunaux ? ».

» Eh bien ! Messieurs, ce qu'on demande à l'honorable garde-des-sceaux, il ne pouvait pas le faire. Mais je pense, moi, que ce qu'il ne pouvait pas faire, un député peut et doit le faire ; et c'est là ce que je ferais, si une discussion m'était accordée...

» Plusieurs membres. Parlez ! parlez ! vous avez la parole.

» M. DE GIVRÉ. Je le ferai, Messieurs, avec beaucoup de calme, certain de porter dans ma conscience le respect de la conscience d'autrui.

» Je le sais, d'indignes calomnies ont été répandues ; je les repousse de toute la puissance de ma conviction.

» Moi aussi, je sais qu'en toutes circonstances les hommes publics sont exposés à la calomnie. Tous nous sommes, ou nous serons, ou nous avons été calomniés. Si la crainte de la calomnie pouvait faire reculer l'un de nous, il devrait se garder d'entrer dans cette enceinte. Si la crainte d'une calomnie qui pourrait s'attacher à un nom propre, à une grande existence dans le pays, doit arrêter une discussion de la Chambre sur un point qui intéresse le pays, oh ! mon Dieu ! supprimons à l'instant toutes les discussions. (Au fait ! parlez !)

» Je vais préciser la question que j'ai été conduit, par une série d'incidents, à adresser devant la Chambre à M. de Rémusat, qui est présent, qui pourra me répondre et qui voudra le faire.

» Le ministre de l'intérieur, et c'est à lui seul que je m'adresse, a dans ses attributions trois objets : il a la police, la surveillance de la Bourse ; il a la surveillance des moyens d'informations du gouvernement, je veux dire le télégraphe ; et enfin, il a sous sa surveillance les moyens de publication du gouvernement, je veux dire les journaux officiels.

» S'il était arrivé qu'à trois reprises différentes des mouvements désordonnés eussent troublé le niveau des fonds publics, eussent porté la perturbation dans le crédit de l'Etat, causé des ruines désespérantes ou produit des fortunes scandaleuses; et si, à chacune de ces époques, on trouvait cette circonstance d'une nouvelle arrivée la veille et publiée seulement le lendemain, et quelquefois huit jours plus tard, voici la conséquence que j'en tirerais (et j'en dépose ici mon affirmation, je ne veux pas en tirer d'autre, je la repousserais de toutes mes forces); la conséquence que j'en tire, la voici : c'est que le ministre chargé de ces trois attributions dont je viens de parler tout-à-l'heure, distrait par d'autres soins, n'a pas apporté assez d'attention à la surveillance dont il est chargé.

» Maintenant on m'a demandé de préciser les faits ; je vais les préciser. (Agitation.)

» Lorsque j'ai été, à mon grand regret, et, je puis le dire, à mon si grand repentir, l'occasion d'un tumulte fâcheux, je n'étais pas ému ; mais je sens que maintenant l'émotion me prend, et je prie la Chambre de me soulager par son attention et sa patience. (Parlez!)

» J'ai parlé de trois circonstanstances : la première, ce sont les séances de la Bourse du lundi 27 et du jeudi 30 juillet. Le lundi 27 juillet, la baisse sur le 5 pour 100 et sur le 3 pour 100 a été de 2 fr.; et le jeudi 30 juillet la baisse a été de 3 fr. 50 c. ; total en deux bourses: 5 fr. 50 c. C'est un accident presque sans exemple à la Bourse de Paris.

» Or, je trouve ici cette double circonstance dont je parlais tout à l'heure : la nouvelle arrivée tôt et publiée tard. La traité du 15 juillet a été signifié à M. l'ambassadeur de France à Londres le 17 ; certainement M. le ministre des affaires étrangères en a eu connaissance au plus tard le 19. Cette nouvelle est restée ignorée du public jusqu'au 26 juillet. Le dimanche 26 (la baisse a eu lieu le lundi 27), le 26, un journal, qui n'était pas le journal officiel, a publié la nouvelle. Vous me dispenserez de vous lire l'article du journal; je le nommerai: c'est *le Constitutionnel*.

Le 27, les journaux anglais sont arrivés à Paris apportant la même nouvelle. C'est le 27 que cette nouvelle, publiée la veille, le dimanche 26, confirmée par les journaux anglais arrivant le 27, a causé cette première baisse de la Bourse, et produit une baisse de 2 fr. Messieurs, le public, le commerce des grands ports de France, des villes maritimes, ont attendu avec anxiété que le gouvernement fît connaître la réalité ou la fausseté de cette nouvelle ; les journaux officiels sont demeurés muets. Le 28 et le 29, la Bourse a été fermée à cause des fêtes de juillet ; le 30, elle s'est rouverte, et alors a eu lieu cette seconde baisse de 3 f. 50 c. Le 29 juillet, deux ordonnances royales ordonnant, l'une des armements maritimes, l'autre une levée de recrutement, avaient été signées. La Bourse du 31 a raffermi les cours. Les personnes qui sont expertes en ces sortes de matières, je dois avouer mon ignorance, j'ai eu quelque peine à entendre ce que l'on m'a dit là-dessus, les personnes expertes en cette matière expliquent ce raffermissement du cours, dans la Bourse du 31, par la réalisation des bénéfices sur les opérations de baisse qui avaient eu lieu dans les Bourses précédentes.

» La nouvelle du traité signé le 15, signifié le 17, est arrivée à Paris le 19, a été publiée dans un journal privé le 26, et confirmée par les journaux anglais le 27 ; et la première nouvelle, communiquée au public par voie d'induction, se trouve dans le journal officiel du soir du 31 juillet. Après la troisième séance de la Bourse depuis la nouvelle du *Constitutionnel, le Moniteur Parisien*, du 31 juillet au soir, publie l'ordonnance qui ouvre les crédits nécessaires pour augmenter l'effectif de la marine, et c'est seulement *le Moniteur* du 1er août qui donne le caractère officiel à la publication de deux ordonnances signées quatre jours avant, c'est-à-dire le 29 juillet.

» Eh bien ! messieurs, voici les reproches que j'adresse à l'honorable M. de Rémusat : Pourquoi les journaux officiels ont-ils parlé si tard ? Je crois me rappeler que, dans la discussion établie à cet égard dans la presse, plusieurs motifs ont été allégués pour la défense de l'administration qui surveille les journaux officiels. On a dit, si je me le rappelle bien, qu'il y avait nécessité d'envoyer des ordres dans le Levant et d'empêcher la nouvelle du traité d'arriver à Toulon, et par conséquent à Alexandrie, plus tôt que les ordres donnés à la marine et les avis donnés au commerce.

» J'admets cette raison, je l'admets pour la durée de vingt-quatre heures, de quarante-huit heures, de trois jours; mais je ne l'admets pas, permettez-moi de le dire, pour onze jours. On a dit encore que ce délai avait été nécessaire pour préparer l'opinion au choc qu'elle devait éprouver à cette nouvelle inattendue; mais on n'a rien dit pour préparer l'opinion. Ainsi le temps qu'on s'était réservé pour cet objet a été perdu. Cette première circonstance, je crois l'avoir clairement expliquée. Je crois que peut-être M. le ministre de l'intérieur a eu une raison, politique sans doute, pour retarder la publication officielle de la nouvelle, ainsi que les ordonnances du 29 juillet. Je crois qu'il importait à l'honneur de son administration, et c'est dans ce sens que j'ai employé les expressions que l'honorable M. Thiers a remarquées, qu'il expliquât les motifs qu'il avait pour retarder cette publication.

» Voilà pour la première circonstance; je passe à la seconde. Le 20 août une baisse énorme a eu lieu à la Bourse de Paris. C'est cette Bourse du 20 août qui a éveillé la sollicitude de M. le garde-des-sceaux. Trouvant dans le Code et dans les réglements des dispositions pénales contre les propagateurs des fausses nouvelles répandues dans le but d'un bénéfice illicite, il a provoqué une enquête; mais il ne pouvait pas faire plus. S'il avait fait plus, il aurait mis en prévention l'administration d'un ministre, son collègue, dans un cabinet dont ils étaient tous les deux membres solidaires....

» M. Vivien : Je demande la parole.

» M. Desmousseaux de Givré : Ainsi, les reproches élevés à cette occasion contre l'honorable M. Vivien, étaient tout-à-fait dénués de justice.

» Mais, messieurs, je n'aurais pas parlé de cette seconde circonstance dans laquelle un ministre du 1er mars a acquitté sa dette de responsabilité, si je ne trouvais encore cette nouvelle arrivée tôt et expliquée tard.

» Le bâtiment à vapeur *l'Etna* est arrivé à Toulon le 19 août; il vient d'Alexandrie. » Cette nouvelle est dans le *Moniteur* du 21 août. On a su le 20 août qu'une nouvelle télégraphique, parvenue d'Orient, avait été reçue par le ministère. Eh bien! dans mon ignorance, je ne comprends pas d'abord comment le public peut savoir, sans une négligence, une indiscrétion quelconque, si le ministère a reçu tel ou tel jour une nouvelle télégraphique. C'est là l'unique conséquence que j'entends tirer de ce fait et de tous ceux de même nature que j'énonce.

» Cette nouvelle est arrivée le 19 à Paris; ce jour-là M. le duc d'Orléans est parti pour Eu. Je trouve dans le *Moniteur* du 25 août cette nouvelle : « On nous écrit d'Eu, 21 août : Hier, 20, le prince royal » est arrivé à six heures du matin. » Le prince royal était parti le 19 au soir, et on a su qu'une nouvelle télégraphique était arrivée le 19 à Paris par le navire *l'Etna;* et ici se rencontre un rapprochement assez singulier : c'est que *l'Etna*, qui était revenu à Toulon le 19, était le même bâtiment qui était parti de Toulon le 20 juillet, et qui vraisemblablement avait porté à Alexandrie la première information des transactions de Londres.

» Il était tout simple que les personnes qui suivent avec attention, assiduité, intelligence, cette relation des nouvelles politiques et des jeux de la Bourse, remarquassent cette coïncidence. *L'Etna* était arrivé à Toulon le 19, une dépêche était arrivée au gouvernement; le prince royal avait quitté Paris le soir même. C'était assez pour autoriser toutes les fausses nouvelles. Il en fut répandu beaucoup.

» La Bourse du 20 août fut troublée, deux journaux officiels parurent le 20 août au soir, ils confirmèrent l'arrivée à Toulon du bateau à vapeur *l'Etna;* et ne dirent pas un mot des détails que pouvait contenir cette dépêche télégraphique. Ce fut seulement le 22 au soir, et après certains reproches adressés à M. le ministre de l'intérieur par les divers journaux, que les journaux officiels publièrent ceci : « Le gouvernement a reçu par le télégraphe la nouvelle de l'arrivée à Toulon du bâtiment à vapeur *l'Etna*, mais aucune nouvelle quelconque n'a été jointe à l'annonce pure et simple de l'arrivée de ce bâtiment à Toulon, les dépêches cachetées qu'il a pu apporter et qui, de Toulon, auront été expédiées à Paris par le courrier, n'étant pas encore arrivées aujourd'hui à six heures. »

» Eh bien! je suis frappé de deux circonstances : c'est que le public sache que le 19 le gouvernement a reçu une dépêche télégraphique portée par *l'Etna*, et que l'information donnée au public, information dont on a reconnu l'utilité seulement le 22, n'ait pas été donnée dès le 20. On aurait arrêté à son origine le mal contre lequel le public a réclamé.

» J'arrive à la troisième circonstance dont on a peu parlé. On a été plus frappé des accidents en baisse que des accidents en hausse.

» Le lundi 14 septembre, la Bourse de Paris s'ouvre, sur le 5 pour 100, à 101, se ferme à 101 50 (je n'ai noté que le 5 pour 100); le mardi 15, la Bourse s'est ouverte à 103 50, s'est fermée à 104 90; le 16, elle s'ouvre à 105, se ferme à 106 50; le jeudi 17, elle s'ouvre à 106 50, s'élève jusqu'à 108, et ferme à 106 50; le 18, elle s'élève à 108, et ferme à 107; le lendemain, il y a une hausse de 50 c. Ainsi, Messieurs, du lundi 14 au jeudi 17, la Bourse s'est élevée, c'est-à-dire en quatre jours, de 101 à 108 : une hausse de 7 fr. en quatre jours. Et le 18, la Bourse ouvrant à 108, s'était arrêtée à 107. Or, voici ce que les journaux du 18 publiaient.

»Tous les journaux du 18 donnaient cette nouvelle :

« Le 28 août, le pacha a déclaré à Rifaat-Bey, l'envoyé du sultan, et aux quatre consuls, qu'il se contenterait, avec l'Égypte, de la possession viagère de la Syrie, et qu'il chargeait Rifaat-Bey de faire au sultan cette proposition. Le pacha a ajouté qu'il était certain d'avance de l'assentiment du sultan. Méhémet-Ali rendrait donc Adana, Candie, etc. »

» C'était la nouvelle de la soumission du pacha au sultan. La hausse s'expliquait bien naturellement. Une seule circonstance me frappe, c'est qu'elle a eu lieu d'avance; c'est que le jour où la nouvelle est arrivée, la nouvelle était déjà escomptée en hausse, par la hausse qui durait depuis quatre jours. Or, Messieurs, je le demande, comment étaient parvenues des nouvelles publiées le 18? Quelle était leur origine?

» Leur origine étaient des lettres datées d'Alexandrie le 30 août. Le bâtiment à vapeur, qui avait apporté ces lettres était *le Papin*. *Le Papin* avait quitté Alexandrie le 30. M. le comte Walewski, partant d'Alexandrie pour aller à Constantinople, avait pris passage sur *le Papin*, avait débarqué à Smyrne, et *le Papin* avait continué sa route vers le port de Toulon.

» Voici ce qu'imprime *le Moniteur* du samedi 19 septembre :

« Le bâtiment à vapeur *le Papin*, capitaine de l'Étang, est arrivé à Toulon le 12 septembre.

» Ce bâtiment vient d'Alexandrie. »

» Maintenant, Messieurs, reprenez les dates. *Le Papin*, parti d'Alexandrie le 30 août, apportant la nouvelle de la soumission du pacha, entre à Toulon le 12, samedi. Le 14, à la Bourse du lundi, la hausse commence; elle continue jusqu'au vendredi, jour où la poste ordinaire apportait les lettres dont *le Papin* était chargé. La Bourse était arrivée dès la veille à 108, et elle n'a pas dépassé ce taux. Eh bien ! en vérité, je crains que le 13 ou le 14 on n'ait su à Paris que le gouvernement avait reçu une dépêche télégraphique. Je suis autorisé à le croire, puisqu'il est certain que le public avait su le 19 qu'une dépêche était arrivée à Paris. Ainsi une dépêche télégraphique était arrivée à Paris le 13 ou le 14, et, du 13 au 14, la Bourse avait escompté la hausse que devait naturellement produire la nouvelle apportée par la dépêche télégraphique : je le suppose, du reste, ce n'est qu'une présomption.

» La conséquence que je tire de ces faits, l'unique conséquence que j'en veuille tirer, c'est qu'il y a beaucoup de négligence dans certains services confiés à la surveillance du ministre de l'intérieur. Il est évident, notoire, que lorsqu'une dépêche télégraphique arrive à Paris, on sait d'abord qu'il y a une dépêche télégraphique. Le fait étant acquis, l'administration a beaucoup de peine à se défendre contre un soupçon que je n'exprime pas, mais que je conçois : c'est que si certaines personnes sont à portée de connaître l'arrivée d'une dépêche à Paris, elles sont peut-être aussi à portée de connaître la nature de la nouvelle qu'apporte cette dépêche.

» Je me résume, et je dis que le ministre de l'intérieur a dans ses attributions les moyens d'information du gouvernement, la police et la surveillance de la Bourse, les publications officielles. Je dis que, sous l'administration du 1er mars, des scandales fort graves ont eu lieu à la Bourse, et des scandales tellement graves, que l'administration elle-même, par l'action, par l'autorité du garde-des-sceaux, les a constatés et a voulu satisfaire la morale publique.

» J'espère que l'honorable M. de Rémusat.....

» M. THIERS : Je demande la parole.

M. DESMOUSSEAUX DE GIVRÉ : J'espère que l'honorable M. de Rémusat comprendra maintenant comment j'ai été conduit, peut-être imprudemment, par cette expression de bill d'indemnité et d'approbation implicite qu'il prétendait, à ce qu'il m'a semblé conclure de la manière dont certains passages de l'Adresse avaient été compris dans le sein de la commission, à réserver le droit de discussion sur les points d'administration intérieure, et comment j'ai été amené, par des accidents que je déplore, à venir ici l'engager à discuter devant la Chambre le cas spécial de responsabilité administrative que j'ai posé devant elle.

(M. de Rémusat et M. Thiers, arrivés par les deux escaliers différents, se rencontrent ensemble à la tribune.)

» M. LE PRÉSIDENT : La parole est à M. de Rémusat.

» M. THIERS : Messieurs, je suis très touché du sentiment qui porte l'ancien ministre de l'intérieur à vouloir répondre.

» M. DE RÉMUSAT : C'est moi qui suis accusé.

» M. THIERS : Il faut la plus grande franchise ici, et la Chambre comprendra que c'est sur moi que repose la responsabilité entière. (C'est vrai !)

» A qui en veut-on ? Qui attaque-t-on ? Évidemment ce n'est pas l'ancien ministre de l'intérieur ; c'est le président du conseil du 1er mars. (A gauche : vous avez raison.)

» Je dirai donc à M. Desmousseaux de Givré que lorsqu'on porte à la tribune, à la face du pays, des attaques d'une telle portée, il faut avoir tout le courage de ce qu'on fait ; il ne faut pas s'adresser au garde-des-sceaux et au ministre de l'intérieur, que la calomnie n'avait pas attaqués, il faut s'adresser à celui qui avait été attaqué ; et malheureusement c'est moi qui l'avais été, et cela avec une injustice et une indignité que les honnêtes gens ont repoussées. Je viens donc à cette tribune pour répondre à ces attaques ; j'y viens avec une douleur que la Chambre comprendra. (Approbation à gauche.)

» Mais malgré cette douleur... (Rumeurs au centre.) malgré cette douleur, je remercie presque M. Desmousseaux de Givré de m'avoir fourni l'occasion de donner les explications que j'apporte ici à la Chambre. (Murmures bruyants dans une des tribunes publiques. — Interruption.)

» Voix de la gauche : Ces interruptions sont indécentes.

» M. TASCHEREAU : Vous n'avez d'oreilles que pour les accusations.

» Au centre : C'est dans les tribunes publiques.

» M. VIGIER : Cela est déjà arrivé plusieurs fois.

» M. LE PRÉSIDENT : Si cette infraction se renouvelle, la tribune entière sera évacuée.

» M. THIERS : M. Desmousseaux de Givré, qui avait parlé du ministre de l'intérieur et du garde-des-sceaux lorsqu'il voulait parler de moi, a parlé aussi d'émeutes, d'élections et de presse, lorsque ce n'était pas, dans son intention véritable, le motif qui l'appelait à la tribune.

» M. DE GIVRÉ : Je proteste contre cette interprétation!

» Voix de la gauche : Oui, c'est vrai! (Bruit.)

» Une voix au centre : Est-ce que le tumulte va recommencer?

» M. THIERS. Je viens droit au but. (A gauche : Très bien!) Je vais droit au but, j'évite de répondre à ce qui n'était pas le but véritable de M. Desmousseaux de Givré. L'émeute, elle a été promptement réprimée.

» M. DE GIVRÉ. Je vous demande pardon.... (Vives réclamations à gauche.)

» M. THIERS à M. de Givré : Ayez donc la franchise de votre conduite!

» M. LE PRÉSIDENT. Parlez à la Chambre! n'interrompez plus!

» M. THIERS. L'émeute a été promptement et complètement réprimée. Les élections! nous avons observé, sous ce rapport, la plus grande réserve. Quant à la presse, je me suis expliqué ces jours derniers; j'ai dit quelles avaient été mes relations avec elle. J'ai reçu l'appui de la presse de la gauche, qui a été parfaitement désintéressé. (Rires ironiques au centre.) J'ai reçu cet appui de la même manière et au même titre que l'appui que la gauche m'a donné dans cette enceinte. (Écoutez! Écoutez!)

» Je vais droit au but, aux variations de la Bourse qu'on a attribuées, suivant l'usage, au ministère, et que M. Demousseaux de Givré, par des faits qu'il a recueillis dans les journaux, voudrait aussi faire au moins imputer à l'administration du 1er mars. Il a cité trois faits. Je déclare ici que, pour ma part, malgré l'intérêt que j'avais à le comprendre, j'ai eu la plus grande peine à saisir ces rapprochements qui, depuis quelques mois, étaient sortis de ma mémoire; car vous savez bien, qu'après tout ce qui a été dit dans certains journaux, il est impossible de se rappeler les détails. J'ai cherché cependant à m'expliquer les accusations plus ou moins directes que M. Desmousseaux de Givré avait dirigées contre moi.

» M. DE GIVRÉ. Je n'en ai pas dirigé contre vous. (Rumeurs à gauche.)

» M. THIERS. Il me semble, Messieurs, qu'indépendamment de toute explication, les variations de la Bourse, au milieu de si grands événements, sont si naturelles, que pour aller les chercher dans des faits détournés, secrets, coupables, il faut véritablement avoir l'intention de calomnier. (Voix diverses : Non ! non ! si ! si !)

» M. LE PRÉSIDENT. Il ne s'agit pas des intentions.

» M. THIERS. Quand on accuse, dans un état libre, il faut avoir le courage d'un accusateur. Eh bien ! on a cherché à trouver une faute dans la tardive publicité donnée au traité du 15 juillet. Voici ce qui s'est passé :

» Le traité du 15 juillet est arrivé le 19 ou le 20 à Paris, je ne me souviens pas exactement du jour. Le fait était extrêmement grave. Je n'ai pas besoin, pour chercher à expliquer le secret que le gouvernement a gardé quelques jours, je n'ai pas besoin d'aller chercher ce motif dans les ordres donnés en Orient. Le fait était grave ; il a occupé plusieurs jours les délibérations du gouvernement. Avant de publier le traité, le gouvernement voulait avoir arrêté ses résolutions. Moi-même, en écrivant à Londres, je n'ai pas dissimulé à l'ambassadeur que nous ne l'avions pas publié, et nous ne l'avons publié que lorsque l'avis en est arrivé de Londres. Nous étions singulièrement préoccupés de ce grand événement ; nous ne voulions pas faire arriver ce secret au public avant que toutes nos résolutions fussent prises.

» Le fait a été publié, non pas le 31, comme on l'a dit ; il a été connu à Paris le 25, et le 26 nous l'avons fait connaître à tout le monde ; nous l'avons fait arriver à la connaissance de la presse.

» Une voix. Mais les spéculateurs de la Bourse en avaient été instruits ; le secret avait donc transpiré.

» M. THIERS. Les motifs pour lesquels nous ne l'avons pas publié dans les journaux officiels, c'est que le traité ne nous était pas connu. On nous avait bien dit en substance qu'on avait signé un traité, mais on ne nous en avait nullement fait connaître les termes et les stipulations. Le gouvernement ne pouvait pas parler officiellement d'un traité qui n'était pas signé de la France, qui lui était imparfaitement connu, qui n'avait à ses yeux aucun caractère officiel. Il n'a pu faire connaître d'une manière officielle que les mesures qu'il avait prises. Ces mesures ont été prises, je crois, le 29 ou le 30, et elles ont été publiées le 31. Je crois que ces faits sont assez simples, assez évidents par eux-mêmes pour expliquer suffisamment leur tardive publicité, sans donner des motifs détournés, et que, je crois, la probité des ministres qui étaient alors aux affaires devrait complètement repousser.

» Quant au fait de *l'Etna*, il est arrivé le 19 à Toulon. On a dit que les nouvelles qu'il avait apportées n'ont été publiées que le 22. Je ne me rappelle pas précisément ces détails; mais voici la conduite que nous nous sommes imposée dans tous les faits de cette nature. Le seul fait dont nous ayons différé la publicité, c'est le traité lui-même, et sa gravité l'explique.

» Quant à tous les autres, le jour même où une nouvelle nous arrivait, nous nous hâtions de rechercher dans cette nouvelle ce qu'elle pouvait avoir de public, ce qui pouvait appartenir à tout le monde, ce qui n'intéressait en aucune manière le secret de l'État; nous nous hâtions de le dégager pour en faire une nouvelle officielle que nous introduisions dans les journaux du soir.

» Quant au bâtiment de *l'Etna*, je me rappelle maintenant ce fait qui m'échappait dans le premier moment. Nos nouvelles de mer nous annonçaient que tel ou tel bâtiment était arrivé; mais les bâtiments qui arrivaient au port de Toulon n'apportaient pas toujours des nouvelles télégraphiques envoyées par le consul d'Alexandrie.

» Ainsi, quand il y avait une nouvelle importante, notre consul la détachait des autres, et en faisait une dépêche télégraphique, avec mission pour le préfet maritime de l'envoyer par la voie du télégraphe. Mais il arrivait aussi que le consul ne prenait pas la précaution de détacher de ses nouvelles une dépêche télégraphique, et alors nous savions qu'un bâtiment était arrivé sans connaître les nouvelles qu'il apportait.

» Ainsi *l'Etna* est arrivé le 19 juillet; je crois me rappeler qu'il n'apportait aucune nouvelle télégraphique, et que nous n'avons connu ce que contenaient ces dépêches que le jour de leur arrivée à Paris par courrier, c'est-à-dire, deux, trois ou quatre jours après l'arrivée de ce bâtiment. Eh bien! à l'instant où nous en avons eu connaissance, tous mes honorables collègues n'étaient pas présents; j'ai assemblé les principaux, ceux que j'avais sous la main, afin de convenir avec eux des faits qu'il fallait publier et livrer à une connaissance générale.

» Sous ce rapport, on peut, si l'on veut, examiner les faits, et je prie la Chambre de les examiner; de les examiner avec la plus grande rigueur. Nous avons fait tout ce que nous permettait le secret de l'État.

Nous n'avons rien négligé de ce qui était de notre devoir. Nous savions bien de quelle importance étaient ces faits : nous n'aurions pas attendu une interpellation de tribune pour éveiller notre sollicitude ; car il y avait quelque chose qui nous touchait plus que les interpellations futures de tribune, il y avait notre responsabilité tous les jours compromise par les calomnies qu'on répand toujours contre le pouvoir à toutes les époques. Nous savions qu'il ne fallait rien dissimuler de ce qui pouvait être connu. Aussi tout ce qui pouvait être publié l'a-t-il été à l'instant même, sans aucune dissimulation.

» Quant au troisième fait, celui de Rifaat-Bey, je crois me le rappeler, bien que je n'aie pas tous les détails présents ; il m'est impossible, après quatre mois, de revenir sur de pareils détails ; mais je crois me rappeler que le *Papin* a touché à plusieurs ports de la Méditerranée. Il est allé d'Alexandrie à Smyrne ou à Ténédos, je ne me rappelle pas bien le fait ; ensuite il est arrivé en France. Il a donc fait un trajet plus long que les bâtiments qui arrivent directement d'Alexandrie. Je crois encore me rappeler que les nouvelles qu'il a apportées ont été retardées d'un jour à Toulon, et je pense que l'on trouverait dans la correspondance du ministère des affaires étrangères une lettre de M. le préfet maritime de Toulon, qui explique comment les dépêches n'avaient pas été tout de suite envoyées à Paris. Mais ce que je me rappelle parfaitement, c'est qu'à l'instant où elles nous ont été connues, on en a fait part au public.

» Et cependant, quant aux concessions qui avaient été faites par Méhémet-Ali, il avait demandé qu'elles fussent tenues secrètes pendant deux ou trois jours, par suite d'une délibération que nous avions à faire sur ce fait : à savoir, s'il fallait publier ou ne pas publier les concessions que le pacha d'Egypte avait faites. Eh bien ! quoique Méhémet-Ali eût demandé expressément de ne pas publier ces concessions, après une délibération, le cabinet a pensé que la concession étant obtenue, il était important de la faire connaître à toutes les cours, pour que cette concession pût en retour en amener, sinon d'aussi grandes, au moins quelques-unes. C'est à cette concession de Méhémet qu'on a répondu par la déchéance.

» Je crois donc me rappeler que pendant deux ou trois jours on a délibéré si on ferait connaître ou non les concessions du pacha.

» Il est possible, je ne l'affirme pas, je n'ai qu'un souvenir confus à cet égard, il est possible que la nouvelle apportée des concessions de

Méhémet-Ali soit restée secrète pendant deux ou trois jours : je crois me rappeler avoir écrit à Londres, à notre ambassadeur, le motif qui nous faisait publier cette nouvelle, quoique nous eussions reçu l'invitation de garder secrètes les concessions faites par le pacha.

» Il m'est extrêmement difficile d'entrer dans des détails de ce genre ; il m'est bien difficile, après trois ou quatre mois, de rapprocher toutes ces dates pour trouver là une réfutation péremptoire des assertions de M. Desmousseaux de Givré ; mais ce que je puis affirmer, c'est que rien n'a été négligé, c'est que sciemment nous n'avons donné lieu à aucune de ces calomnies. Non seulement nous apportions tout le soin nécessaire que nous devions aux intérêts si graves compromis à la Bourse, mais nous le faisions pour notre propre honneur. Nous étions accusés tous les jours, par je ne sais combien de journaux, de cacher les nouvelles ; nous aurions voulu pouvoir à l'instant même nous justifier par des faits péremptoires, par des faits empruntés au registre authentique, incontestable, du télégraphe.

» Je puis affirmer qu'aucune de ces calomnies n'est fondée. Pour moi, j'ai fait tout ce qu'il m'était possible de faire. Quand tous ces bruits se sont répandus, j'ai supplié M. le garde-des-sceaux d'appeler sur ce point les investigations de la justice ; je l'ai prié de ne négliger, de ne ménager personne, de n'arrêter son investigation nulle part. Je l'ai supplié de faire cela, non pas seulement parce que c'était son devoir, mais par amitié pour ses collègues qu'on voulait calomnier.

» Je sais bien qu'en entrant dans la carrière publique, on s'expose à d'indignes calomnies ; je sais qu'il faut avoir du courage : je l'ai trouvé, ce courage, dans la certitude que j'avais que je n'avais mérité aucune des indignités qu'on cherchait à accréditer. (Vive approbation à gauche.)

» J'ai supplié des hommes qui ne craignent pas la lumière ; j'ai supplié M. le garde-des-sceaux de venir au secours, non seulement de moi, mais de ce qui m'entourait, et de poursuivre sans relâche tous ceux qui répandaient de tels bruits.

» Mais qu'est-il arrivé ? Ce que vous venez de voir à la tribune. Tous ceux qui avaient répandu les bruits se sont retranchés dans des réserves pour ne point faire connaître les auteurs des insinuations que, sans preuve, on lançait dans le public. Et lorsque la justice a appelé les calomniateurs, les propagateurs de faux bruits, ils ont tous reculé ; ils ont déclaré qu'ils ne pouvaient pas s'expliquer, qu'ils avaient usé d'un droit; je sais bien qu'on use d'un droit, du droit de calomnier les honnêtes gens; on ne craint pas de faire une allusion, une insinuation; et, quand on demande des preuves, l'accusateur répond qu'il n'a fait que répéter ce qu'il a entendu.

» Quand la justice veut pénétrer dans ces détails, quand elle remonte à la source de tous ces bruits, elle trouve des calomniateurs qui fuient la lumière, qui refusent de s'expliquer; après toutes ces investigations, il a été démontré, jusqu'à la dernière évidence, qu'il n'y avait dans tout cela que des faits qu'aucun gouvernement ne peut empêcher; car enfin, il faudrait gouverner l'imagination des joueurs, et vous savez que la législation est insuffisante pour arrêter les joueurs qui se jettent dans ce gouffre abominable.

» Messieurs, le mal de la calomnie, c'est l'impunité du calomniateur; on attaque un homme, on le livre à des insinuations odieuses, et l'on est dispensé de fournir la preuve; on dit qu'on n'a fait que répéter ce qu'on a recueilli.

» Eh bien! je dis que lorsqu'on porte une chose aussi grave à la tribune, sans nul doute on ne peut se retrancher derrière de faux-fuyants: on doit être prêt à fournir des preuves.

» Vous avez eu soin de dire que c'était un service que vous vouliez rendre aux personnes inculpées; non c'est une douleur que vous vouliez leur causer. (Voix de la gauche : C'est vrai! c'est vrai!)

» Je ne savais pas, Monsieur, que tandis que vous étiez dans mon administration pour me seconder par vos travaux, au lieu de vous livrer à ces travaux, au lieu de m'avertir, c'était votre chef, votre ministre que vous vous prépariez à calomnier. (Sensations diverses.)

» Messieurs, qu'il me soit permis d'ajouter un seul mot.

» C'est une indigne manière d'attaquer un homme, c'est une indigne manière de vouloir affaiblir son influence politique, que de l'attaquer par de tels moyens. Je la dénonce à tout ce qu'il y a d'honnête, je la dénonce à tout ce qui porte un cœur généreux; c'est la plus odieuse manière d'attaquer un homme. Et je vous somme, Monsieur, non pas de faire des insinuations, mais, si vous êtes un honnête homme... (Vive interruption.)

» Plusieurs voix : Mais certainement M. de Givré est un honnête homme ; vous-même en êtes convaincu.

» M. CHAMARAULE. C'est un devoir d'accuser : ou le fait est vrai, ou c'est une calomnie.

» M. THIERS. Si vous êtes un honnête homme (nouvelles rumeurs), et je dirai comme vous, Monsieur, j'emploierai les précautions de langage que vous avez employées, je vous dirai que je n'en doute pas ; eh bien ! alors ne vous bornez pas à des insinuations (nouveaux murmures), vous viendrez apporter des faits plus caractérisés, vous n'apporterez pas des doutes ; et si vous n'avez pas de preuves à fournir, vous rétracterez vos allégations avec le regret qu'un honnête homme doit éprouver d'avoir fait souffrir un honnête homme qui ne le méritait pas. (A gauche : Très bien !)

» Je répète ici ce défi, que je porte, à la face de la France, à tous les calomniateurs quels qu'ils soient ; je les défie d'apporter contre moi la moindre preuve, non pas un commencement de preuve, mais la moindre preuve qu'on puisse sérieusement discuter devant des gens de sens et devant des gens non prévenus. (A gauche : Très bien ! — Agitation prolongée.)

» M. DESMOUSSEAUX DE GIVRÉ. Je sais comprendre et j'excuse l'excès de susceptibilité de l'honorable M. Thiers. Qu'il me permette de lui dire, dans un moment où j'ai plus de sang-froid que lui, qu'il me permette de lui dire qu'il se trompe, qu'il se trompe sur moi, et qu'il se trompe sur la nature de la question portée à la tribune. (Interruptions diverses.)

» M. LE PRÉSIDENT. Chacun doit comprendre combien, dans un débat de cette nature, il importe de garder le plus parfait silence.

» M. DE GIVRÉ. Que fait dans ce moment l'honorable M. Thiers ? il égare la discussion, il la déplace, il change la responsabilité ; il met sa personne en discussion, il veut absolument voir dans ce que je viens de dire un fait qui lui est personnel. Cela n'est pas. (Vive dénégation.) Cela n'est pas.

» Cela n'est pas. La loi a placé, sous la surveillance d'un ministre, la Bourse ; des désordres énormes ont eu lieu à la Bourse. Ce ministre en doit répondre, et l'honorable susceptibilité de M. Thiers ne doit pas couvrir son collègue.

» M. DE RÉMUSAT : Quelle que soit la solidarité intime qui m'unit à l'honorable M. Thiers, quelque disposé que je le sache à accepter sa part de toutes les attaques dont je serais l'objet, comme je suis prêt à m'honorer de partager toutes celles qui peuvent être dirigées contre lui, la Chambre comprendra qu'il m'est impossible de garder le silence. Mon respect pour cette tribune, mon respect pour cette Chambre, que je respecte dans tous ses membres, me décide seul à répondre peu de mots. Il faut que l'honorable membre qui a amené ce débat sache bien que ce qu'il a dit n'est rien; que c'est un non-sens, ou que c'est une odieuse insinuation. Qu'a-t-il-dit? A-t-il voulu dire qu'il n'y a pas de secrets d'État; que le gouvernement n'a pas le droit ni le devoir de garder en réserve les nouvelles qui intéressent l'État, lorsqu'il croit que la publicité en aurait quelque danger pour l'État lui-même? Lui qui appartient au département des affaires étrangères, veut-il soutenir que toutes les dépêches doivent être publiées dans le moment où elles arrivent dans les mains du gouvernement? Il ne le soutiendra pas. Eh bien! de quoi nous accuse-t-il? Je vais le lui dire. A quelque époque que soit publiée une nouvelle, lorsqu'elle a la gravité de celles qu'il a rappelées, de celle surtout du traité du 15 juillet, elle amène une baisse considérable; peu importe qu'elle soit publiée le 19 ou le 29, à quelque époque que la nouvelle eût été donnée, elle eût amené une baisse considérable. Ce n'est donc pas sur la publicité du traité et la baisse qui s'en est suivie, baisse inévitable, que l'honorable membre fonde son accusation.

» Une voix. On s'est plaint de nouvelles escomptées à l'avance.

» M. DE RÉMUSAT. Ou l'honorable membre ne veut rien dire, ou il veut dire que le temps qui s'est écoulé entre l'arrivée de la nouvelle et la publication de la nouvelle a été employé à d'indignes manœuvres; ou ce qu'il a dit est un non-sens, ou c'est là ce qu'il veut dire. Si c'est là ce qu'il veut dire, qu'il le dise. Eh bien! s'il le dit, je déclare que je ne lui réponds pas. Ce sera à lui, s'il le dit, à se justifier devant la Chambre de l'avoir dit.

» Voix nombreuses. En voilà assez! Revenons à l'Adresse.

» M. VIVIEN : Messieurs, je ne veux pas prolonger ce débat; mais je dois, bien que l'honorable M. Thiers n'ait pas besoin de mes affirmations pour donner crédit à ses paroles, je dois déclarer à la Chambre que, en effet, disposé que j'étais à diriger des poursuites à l'occasion des faits qui m'avaient été signalés, c'est cependant sur les instances les plus vives et les plus réitérées de M. Thiers que des ordres ont été donnés par moi sans aucune réserve; et, d'ailleurs, je n'en aurais eu aucune à prescrire à la magistrature. Quand je l'ai saisie de cette question, je l'ai engagée à n'épargner aucun détail, à ne s'arrêter devant aucune personne, à épuiser jusqu'au fond les vérifications auxquelles elle devait procéder. Ce devoir, la magistrature l'a accompli comme elle sait accomplir tous ceux qui lui sont imposés. Les vérifications ont été complètes, et il n'est pas exact de dire, comme l'a fait l'honorable M. Desmousseaux de Givré, que la magistrature n'ait eu à s'occuper que des nouvelles fausses qui avaient été répandues dans le public et dont on avait pu abuser. Je dois dire à la Chambre que, d'après les instructions que j'avais données et le zèle louable dont la magistrature était animée, il a été recherché non pas seulement si des nouvelles fausses avaient été répandues; mais si personne n'avait abusé de la position qu'il avait, des relations qu'il était appelé à entretenir, pour se livrer à des manœuvres coupables dans les opérations de la Bourse.

» Ainsi, ce n'est pas seulement le délit spécial de nouvelles fausses répandues, délit prévu par le Code pénal, qui a été poursuivi. Les magistrats, consciencieusement, loyalement, sans aucune réserve, sur ma propre demande, ont recherché si personne n'avait abusé de sa position. On avait répandu dans le public, on avait mis dans les journaux d'infâmes, d'odieuses calomnies. Toutes ont été démenties par l'instruction. On a entendu les journalistes, car c'est à eux-mêmes qu'on a fait appel; on leur a demandé de vouloir bien donner des explications; ils ont prétendu que le droit de la presse était de donner certaines nouvelles sans apporter aucune justification à l'appui. (Vives réclamations.)

» Voix à gauche : C'est le journal *la Presse* qui a dit cela.

» M. Vivien : On a entendu les syndics des agents de change; on a entendu, parmi les agents de change, tous ceux qui s'étaient livrés aux opérations les plus considérables. Ils ont été interrogés sur les noms des personnes qui avaient pris part aux opérations à l'occasion desquelles la presse avait fait un tel scandale. Leurs réponses ont toutes été contraires aux allégations qui s'étaient glissées dans les journaux. Ils ont tous déclaré que les personnes qu'on avait désignées étaient étrangères à ces opérations.

» Une voix : On a connu les victimes, mais on n'a pu connaître les gagnants.

» M. Vivien : Je ne citerai qu'un fait, parce qu'il est caractéristique : on avait mis dans les journaux qu'une personne qu'on désignait, avait réalisé à la Bourse un bénéfice de 1 million 164,000 fr. : c'était un chiffre habilement trouvé. (Rire général.)

» Une voix : Le journaliste a peut-être voulu parler du bénéfice sur un marché de 1 million 164,000 fr., ce qui est bien différent.

» M. Vivien : Le fractionnement de la somme indiquait quelque chose de précis, et ne pouvait laisser supposer que ce fût une allégation sans base. Eh bien ! il a été établi, non seulement que la personne désignée n'avait pas fait ce bénéfice, mais que personne ne l'avait fait, et qu'aucune opération de cette importance n'avait eu lieu à la Bourse. On a fait plus, on a consulté les registres des agents de change et ceux de la Banque de France, où toutes leurs opérations viennent se rapporter, et il a été constaté qu'à la fin du mois de juillet, dans ce mois où se seraient passés les faits dont on parlait, aucun agent de change n'avait à son actif, pour un mois, aucune somme qui allât à 1 million, et aucune à son passif qui allât à 500,000 fr.

» Je donne le fait pour montrer combien les vérifications ont été consciencieuses, dans quels détails on est entré, et je puis affirmer à la Chambre, je puis lui affirmer sur l'honneur, qu'il est résulté de l'instruction, non pas seulement que les délits prévus par le Code pénal n'avaient pas été commis, mais qu'aucun homme, appartenant de près ou de loin au gouvernement, ayant pu se servir des relations qu'il avait avec les membres du Cabinet, n'avait trempé dans ces indignes manœuvres. »

M. Desmousseaux de Givré a demandé au ministère une explication sur quatre points : l'émeute, l'intervention de l'administration dans l'élection de Corbeil, le monopole de la presse et les scandales constatés par la réticence des dépêches télégraphiques, à l'occasion du traité du 15 juillet.

Je ne dirai rien de l'émeute ; elle a été réprimée.

Je ne dirai rien non plus de l'élection de Corbeil, l'administration était dans son droit ; elle peut recommander son candidat aux électeurs. Je me bornerai seulement à la citation d'un passage du discours de M. Léon Faucher aux électeurs de Corbeil.

« Mes relations personnelles avec le chef du Cabinet » m'ont permis du moins, et je ne m'en prévaudrai que » sous ce rapport, de connaître *dans leur vrai sens*, quel- » ques actes du Gouvernement ; j'ai une connaissance de » la note du 8 octobre ; j'ai pour ainsi dire assisté à la » pensée qui l'a inspirée. »

En bonne foi, un semblable aveu est plus qu'une simple réciprocité de bienveillance.

On ne peut y voir que l'aveu d'un traité entre le Cabinet et la gauche.

Le troisième point, concernant la dépêche télégraphique, est plus grave.

M. de Rémusat a éludé la question et n'y a pas répondu, comme je vais le démontrer.

En 1832, 1833 et 1834, M. Thiers était ministre, conservateur, et nullement dans les bonnes grâces de l'opposition, qui alors ne *présidait pas à ses inspirations*. Bien au contraire, les journaux de la gauche le traquaient partout comme une bête fauve, ils ne respectaient même pas sa vie privée ; ils l'accusaient de tripotage, ils lui reprochaient de retarder la publication des dépêches télégraphiques. Ce fait est de notoriété publique, il ne peut être nié.

Le ministre, pour se justifier de ce reproche d'alors, a fait depuis cette époque afficher à la bourse, dans la journée de leur arrivée, toutes les nouvelles télégraphiques.

Il est aussi à remarquer que ce n'est que depuis le traité du 15 juillet que ces publications ont cessé.

Sans doute il y a des nouvelles que le gouvernement ne doit pas publier dès leur arrivée; mais tout ce qui concernait le traité du 15 juillet, traité signé, dans lequel le ministère voyait un cas de guerre, ne devait et ne pouvait pas être un secret de cabinet. Cette nouvelle devait être rendue publique sur-le-champ. La fortune publique y était intéressée. Faire un secret à Paris de ce qui est du domaine public à Londres, cacher à Paris ce qui est connu en Syrie, c'est impardonnable. Un traité signé entre quatre puissances n'est pas un traité secret, et aucune négociation n'était pendante; rien n'autorisait donc le retard de la publication, d'autant moins que le ministère n'a pu justifier cette réticence.

M. de Rémusat a dit : « A quelque époque qu'une
» nouvelle soit publiée, lorsqu'elle a de la gravité, surtout
» de celle du 15 juillet, elle amène une baisse considé-
» rable, peu importe qu'elle soit publiée le 19 ou le 29. »

Quant à la baisse qu'une nouvelle de cette gravité amènera, M. de Rémusat a raison; mais c'est précisément sur son raisonnement que le reproche de M. Desmousseaux de Givré est fondé, et il est inconcevable qu'avec la présence d'esprit de M. de Givré on ne l'ait pas saisi.

Les nouvelles télégraphiques venant de Marseille peuvent arriver par lettres particulières en soixante ou soixante-douze heures. On a appris de Marseille ce que le ministère savait depuis plusieurs jours. Il est évident que les secrets du Cabinet n'étaient pas des secrets pour tout le monde, puisque toutes ces nouvelles ont été escomptées à la Bourse, et l'effet y était produit quand le public a connu la nouvelle, c'est-à dire une nouvelle à la guerre devant produire une baisse. Eh bien, une baisse avait commencé depuis deux jours, et par continuation le troisième jour; et il est à remarquer, ce qui est fort important, que la baisse ou la hausse ont presque toujours commencé, soit le soir, soit le matin, à la petite Bourse du *Café de Paris* (1). N'est-il pas palpable que ces nouvelles sont sorties du ministère? Il n'y a que le cabinet qui les connaissait, à moins que ce ne soit l'indiscrétion des employés qui ait vendu ou donné le secret.

Des nouvelles de cette importance ne devaient être connues que du cabinet, et, dans tous les cas, il en porte toute la responsabilité. Il est évident que sur les dépêches télégraphiques il s'est fait de grandes opérations à la Bourse qui ont occasionné la ruine de plusieurs personnes.

Ce sont là des présomptions contre le ministère. M. Thiers serait à l'abri de reproches s'il avait franchement publié les dépêches le jour de leur arrivée.

Ce qui augmente encore cette présomption; c'est la suppression, à la Bourse, des affiches des dépêches télégraphiques dans la journée de leur arrivée.

M. de Rémusat conviendra, et personne ne poura le contester, qu'il y a une très grande différence entre publier les nouvelles le 19 ou le 29.

Le ministère, par le monopole des journaux de l'opposition qui approuvaient tous ses actes quand même, s'est cru dégagé des obligations qu'il avait à remplir envers le public; c'est là la véritable cause de la réticence.

(1) La petite Bourse au *Café de Paris*, se tient de midi à 1 heure et demie, et le soir de 7 à 9 heures.

J'arrive à la dernière question. Le traité, je le répète, a été signé à Londres le 15 juillet; signifié le 17 à M. l'ambassadeur de France, il a dû arriver à Paris le 18 au soir ou le 19 au matin. Eh bien, le jour même de son arrivée à Paris, le 19, il aurait dû être affiché à la Bourse, avec prudence et ménagement, avec cette explication : *Un traité a été signé entre les quatre puissances et le sultan, sans le concours de la France. Aussitôt que le cabinet en connaîtra toutes les conditions, le pays en sera informé ; les négociations se continuent ; le cabinet maintiendra le rang que la France doit occuper, et qui sera compatible avec sa dignité et l'honneur national de la France.*

Comme personne ne voyait un sujet de guerre générale à cause du pacha d'Égypte, on aurait été convaincu que tout se terminerait par des négociations, d'autant plus que l'Angleterre avait annoncé officiellement l'intention de conserver sa bonne intelligence avec la France. De cette manière, on n'aurait pas été effrayé, et le ministère aurait évité de grandes catastrophes à la Bourse.

La tribune nationale nous a révélé les secrets de la diplomatie européenne. Nous avons vu la bonne foi des quatre puissances; elles n'avaient d'autre but que le maintien de la paix. M. Thiers devait le savoir; il devait donc le publier dès le 19; il n'en pouvait pas moins poursuivre ses négociations, directement et indirectement, et le pays, depuis long-temps habitué à ces négociations, n'aurait pas été effrayé; il y aurait eu une baisse de 1, 2 ou 3 francs tout au plus, mais non de 20 francs.

Lorsqu'on connaît une nouvelle politique seulement la veille, si elle est bonne, on achète; si elle est mauvaise, on vend ; et le lendemain, lorsque la nouvelle est publique, la Bourse est en hausse ou en baisse selon la nouvelle. On rachète ce qu'on a pu vendre la veille, ou l'on revend ce que l'on a pu acheter; on est certain de réaliser un grand bénéfice; il ne faut souvent que vingt-quatre heures pour faire une belle fortune sans aucun déboursé, sans risquer de faire aucune perte. Ces opérations sont ordinairement faites par des maisons puissantes et habiles, et, à chaque bonne ou mauvaise nouvelle, ces opérations peuvent se renouveller à l'infini.

Le ministre a fait connaître la nouvelle le dimanche, 26 juillet, par le *Constitutionnel*, journal non officiel mais reconnu pour être l'organe du ministère; le lendemain 27, la nouvelle est arrivée par les journaux anglais. Il est évident que M. Thiers a voulu garder le secret de la nouvelle jusqu'au dernier moment, et que si les journaux anglais ne l'eussent pas annoncée, la publication par le journal français aurait été retardée. Le secret de ce retard appartient à M. Thiers.

Du 20 au 26 juillet, la baisse n'a pas été assez sensible pour qu'on puisse juger la question. On verra par le tableau ci-après, indiquant les cours et variations, jour par jour, depuis le 20 juillet jusqu'au 31 octobre, que, pendant six jours, on pouvait progressivement faire des ventes considérables, sans affecter le cours. Le 27 juillet, on pouvait déjà réaliser un bénéfice de 2 fr.; le 28 et 29, quoique fêtes, 3 à 4 fr., et le 30, près de 5 fr. Ainsi, sur une vente de 3,000 3 p. 0/0 ou 5,000 5 p. 0/0, on pouvait réaliser un bénéfice de 5,000 sur chaque valeur. Il était donc facile à ceux qui connaissaient le traité de réaliser, dans quatre à cinq jours, des bénéfices considérables, sans risque de perdre, parce qu'on a vendu à de hauts prix ; on pouvait facilement masquer toutes les opérations au moyen des primes.

Le mouvement journalier, depuis le 1er août jusqu'à la retraite du ministère, n'a pas été moins considérable, particulièrement lorsque les dépêches télégraphiques sont arrivées, et qu'on ne les a pas fait connaître. Les variations ont été de 1, 2, 3 et 4 fr. : ceux qui savaient les nouvelles seulement une bourse, même une heure avant le public, pouvaient gagner de fortes sommes.

Il y a dans la Chambre des banquiers et des financiers qui connaissent parfaitement bien toutes les affaires de Bourse et tout ce qui s'y est passé ; cependant ils n'ont pas osé seconder l'élan national de M. Desmousseaux de Givré. Ils auraient dû se prononcer pour ou contre le ministère ; ils auraient éclairé la Chambre dont la majorité ne connaît certainement pas les opérations compliquées de la Bourse, surtout dans les grands événements. Ils n'auraient pas dû garder la neutralité ; mais ils n'ont pas eu la volonté énergique ni le courage d'appuyer M. Desmousseaux de Givré, qui seul a soutenu la discussion avec un courage patriotique. En tout cas, ce ne sera pas un avertissement inutile pour l'avenir.

Dans le grand nombre de personnes qui, pendant ces jours de crise, sont venues à la Bourse, les habitués ont distingué plusieurs personnes qui allaient et venaient et faisaient des affaires : on a su que c'étaient des personnes attachées aux journaux ; elles ont toujours réussi : on les a observées, parce que chacun voulait les imiter On a même cité les noms de plusieurs qui ont gagné des sommes considérables.

On serait d'autant plus fondé à le croire, que le *Constitutionnel* a, le premier, publié la nouvelle de l'existence du traité du 15 juillet; et M. Léon Faucher a déclaré aux électeurs de Corbeil qu'il a présidé aux pensées du chef du cabinet.

Il est possible, sans doute, que le *Constitutionnel* ait reçu le premier cette nouvelle par sa correspondance de Londres : c'est précisément ce qui accuserait la réticence de M. Thiers.

A Dieu ne plaise que je veuille blâmer les privilégiés d'avoir fait des opérations de Bourse : ils ont bien fait; une heureuse circonstance s'est présentée, ils en ont profité : tout le monde en aurait fait autant; mais il est à remarquer que, depuis la retraite du ministère Thiers, ces mêmes personnes n'ont pas reparu à la Bourse.

Les grands financiers, dans les circonstances graves, expédient et reçoivent plusieurs courriers par jour; des sommes considérables se trouvent souvent attachées sous le fer d'un cheval (1).

Il est de notoriété de Bourse que, dans ce moment, la Bourse était le rendez-vous naturel des porteurs de rente : les uns venaient pour savoir le cours; d'autres pour vendre et racheter plus cher lorsque les affaires seraient rétablies; d'autres avec la certitude de perdre pour sauver un capital.

(1) Dans les grands événements, les courriers sont à la porte de la Bourse, avec passeport en poche, éperonnés et prêts à monter à cheval; d'autres, ont des messagers qui fendent rapidement l'air. L'habileté d'un financier se trouve souvent dans la vîtesse d'un cheval ou sous l'aile d'un pigeon; mais ici, on pouvait se passer de l'un et de l'autre; il n'y avait que quelques rues à traverser pour faire de grands bénéfices.

Le ministère inspirait si peu de confiance, avec son système de guerre en faveur du pacha, sa lenteur calculée à publier les nouvelles et la non convocation des Chambres, que les inquiétudes augmentaient tous les jours.

ENQUÊTE DE LA BOURSE.

J'ai entendu dire à un député de la gauche : « Voyez, » on a accusé M. Thiers de faire des opérations de Bourse, » il a fait faire lui-même une enquête qui n'a rien produit. »

L'enquête de la Bourse fut une véritable mystification pour les agents de change et pour le public de la Bourse

Le ministère a voulu prouver ce qui est évidemment impossible à prouver. Les opérations de la Bourse peuvent se masquer, et les agents de change sont muets par profession; la plus grande discrétion doit présider à leurs opérations. M. Thiers savait bien qu'on ne parviendrait pas par une enquête à faire parler des muets. Quand bien même on aurait connu généralement toutes les opérations qui se sont faites à la Bourse, on n'aurait encore rien appris, parce que ceux qui ont fait de grands bénéfices n'ont pas agi en leur nom, et que d'autres ont masqué leurs opérations.

La Bourse n'a jamais regardé l'enquête comme une affaire sérieuse; le cabinet aurait mieux fait de ne pas l'ordonner: celui qui veut trop prouver, ne prouve rien.

Voyons quel était le but de l'enquête : on voulait découvrir et punir tous ceux qui auraient répandu de fausses nouvelles, et découvrir aussi s'il était vrai qu'une personne désignée dans un journal eût fait un immense bénéfice.

Quant au premier objet de l'enquête, je dirai que, dans aucune circonstance, une fausse nouvelle ne pouvait entraîner de grandes variations. Lorsqu'une nouvelle se répand, on en recherche la source : si elle n'est pas précisée, ni appuyée sur des opérations réelles, on n'y fait pas attention. S'il en était autrement, la cupidité ferait fabriquer de fausses nouvelles pour remplir d'or ses poches tous les jours ; la Bourse serait bientôt un désert. Une fausse nouvelle, répandue par un étranger ou par un homme sans crédit, passerait encore inaperçue.

Il est de toute impossibilité qu'une fausse nouvelle soit répandue par une maison connue et riche. D'abord, la nouvelle reconnue fausse, on ne paierait pas les différences, car toutes les affaires se font à terme par l'entremise des agents de change et des courtiers de la coulisse ; ensuite, cette maison perdrait son crédit et sa réputation, et n'oserait plus reparaître à la Bourse.

. . . .

A côté du jeu, il existe à la Bourse une grande moralité ; il se fait pour des millions et des milliards d'affaires sur des engagements d'honneur (1), qui se paient avec la même exactitude que les engagements commerciaux.

Un individu qui ne paie pas ce qu'il doit à la Bourse, manque à ses engagements d'honneur ; c'est une faillite de fait, mais qu'on ne peut faire déclarer juridiquement. On a vu plus d'une réhabilitation pour dette de Bourse.

(1) La loi ne reconnaît pas les engagements à termes sur lés fonds publics.

Les marchés à terme facilitent les transactions et sont favorables au crédit public.

Il y a impossibilité physique et morale de faire des affaires à la Bourse, en exigeant d'avance le dépôt des titres et des fonds. Je pourrais citer mille preuves à l'appui de ce que je dis.

La loi permet au gouvernement de vendre des rentes à terme, et elle ne le permet pas aux particuliers.

Tout ce qui se fait à terme à la Bourse n'est pas jeu.

La Bourse, qui représente un si grand intérêt de l'État, mérite une attention particulière.

Dans l'intérêt de la morale et du crédit publics, une loi spéciale devrait déterminer tout ce qui est jeu et tout ce qui ne l'est pas; on éviterait bien des sinistres au-dedans et au-dehors du parquet des agents de change.

Quant au second objet de l'enquête, à savoir, si une personne, appartenant de très près au chef du Cabinet, avait réellement réalisé en liquidation un énorme bénéfice (je ne parlerai pas du chiffre qui peut être au-dessus comme au-dessous de celui qu'on a indiqué; si l'on connaissait exactement ce chiffre, on connaîtrait l'opération; le chiffre ne peut être que le résultat d'un compte), eh bien! il est impossible de découvrir si une opération a été faite: ne connaissant pas l'opération, on ne peut connaître le chiffre. D'ailleurs, il ne s'agit ici que de l'enquête et non d'une opération isolée.

Il est de notoriété publique qu'il s'est fait des ventes considérables du 20 au 26 juillet, ventes sur lesquelles on a réalisé de gros bénéfices; mais on ne l'a jamais su et on ne le saura jamais, même par l'enquête la plus sérieuse.

Lorsqu'on fait de grandes opérations, on les fait ordinairement de compte à demi, par un ami qui est dans les finances et qui jouit d'un grand crédit à la Bourse, de manière qu'une grande affaire ne puisse fixer l'attention de personne. On a même plus d'avantage que de la faire seul, parce qu'on peut doubler, tripler, etc., et profiter de toutes les circonstances, en hausse comme en baisse.

La maison qui fait l'opération pourrait facilement masquer les bénéfices, en combinant les opérations des agents de change avec celles de la coulisse, par les escomptes, par la rente au porteur, en reportant les affaires d'un mois sur l'autre et par des primes; les moyens de masquer les affaires de Bourse sont infinis.

Comme on voit, on peut faire à la Bourse des opérations illimitées sans paraître en rien. Les feuilles de liquidation de chaque mois que les agents de change déposent à la Banque ne portent que les opérations que les agents de change font entre eux: le nom d'aucun client n'y figure. J'invoque à cet égard le témoignage de tous les agents de change.

Le cabinet aurait dû savoir, et M. Thiers, ancien sous-secrétaire des finances, mieux que tout autre, qu'une enquête à la Bourse serait regardée par les agents de change, par les banquiers et par tout le public de la Bourse, comme une comédie.

Il a fallu toute l'assurance, toute la témérité de M. Thiers, pour oser venir dire à la Chambre et à la France qu'il n'a pas réussi, par l'enquête à la Bourse, à faire parler des muets.

Quand les agents de change ont eu connaissance de cette enquête, ils firent comme les augures à Rome, ils ne pouvaient se rencontrer sans rire.

La réticence des nouvelles a occasionné une baisse considérable et par suite la déconfiture de plusieurs spéculateurs ; une grande partie des pertes est retombée sur les agents de change. Ces déconfitures peuvent être attestées par les registres des agents de change ; ceux de la Banque ne peuvent qu'indiquer les mouvements de fonds ; car un particulier, comme un agent de change, peut retirer des fonds de la Banque, quand il gagne, et en verser quand il perd. Une enquête de ce côté ne produirait donc encore rien.

Il est à remarquer qu'on peut gagner de fortes sommes à la Bourse sans qu'on en puisse constater le chiffre ; mais, quand quelqu'un perd et qu'il ne paie pas, tous les créanciers se présentent.

La première mauvaise nouvelle qu'on a répandue à la Bourse et qui n'était pas fausse, fut le 27 juillet : il n'y avait qu'un cri d'indignation contre la réticence de M. le président du Conseil qui a tenu secret, pendant huit jours, le traité du 15 juillet: cette nouvelle était trop importante, trop grave, pour qu'il n'eût pas dû s'empresser d'en instruire le public.

M. l'ambassadeur avait écrit au président du Conseil que ce traité n'était qu'un manque de procédés et non hostile à la France : il fallait tout dire ; le public aurait jugé. M. Thiers a préféré l'annoncer mèches allumées et les canons braqués contre toute l'Europe.

Les autres mauvaises nouvelles étaient encore une suite de la réticence ministérielle. On connaissait déjà l'arrivée d'une nouvelle télégraphique ; la rente baissait à la Bourse ; on sait qu'il y a toujours des personnes mieux ou plus tôt instruites que les autres : de la non communication des dépêches télégraphiques, on concluait que les nouvelles devaient être mauvaises.

On savait que M. Thiers voulait la guerre; on craignait une collision sur mer, une agression, enfin un événement imprévu qui aurait pu engager ou compromettre l'honneur national; alors c'en était fait de la paix; la guerre devenait inévitable.

La suppression des affiches à la Bourse contribuait à augmenter les craintes : l'enquête aurait donc dû être dirigée contre le ministère.

Il existe cependant des circonstances toutes naturelles qui peuvent exposer un ministre à la calomnie; les voici:

Un ministre, qui possède plus ou moins de rentes, voit la possibilité d'une guerre; il a naturellement l'idée de la conservation, et il cherche à vendre la rente qui baisse, même avec une crainte de guerre. Le ministre a donc alors le droit de vendre; il est dans le droit commun; il peut même dire à ses parents et amis : « vendez votre rente, » sans alléguer un motif; un simple avis pourrait être exploité, on vendrait même ce qu'on n'a pas, c'est-à-dire à découvert, pour racheter à meilleur marché. Ces personnes, en ne prenant aucune précaution, ne se doutent pas que leur imprudence peut attirer une calomnie sur un ministre.

D'un autre côté, ceux qui sont chargés de vendre des rentes pour la famille d'un ministre, dont ils possèdent le titre, pourraient aussi en vendre pour leur propre compte, de façon que d'un simple avis, il peut résulter de grandes opérations, à l'insu même du ministre, qui en supportera l'accusation.

Toutefois, comme ces innocentes imprudences peuvent

donner lieu à la calomnie, il ne faut pas qu'un ministre s'y expose. Son action gouvernementale est du domaine public; le monde est souvent injuste, il juge toujours du mauvais côté : il suffit d'être ministre pour que les amis de la veille deviennent les ennemis du lendemain. Mais ici la question se présente sous d'autres faces. M. Desmousseaux de Givré s'est bien expliqué.

1° Réticence de la publication du traité du 15 juillet;

2° Réticence de la publication des dépêches télégraphiques, contre l'usage pratiqué depuis plusieurs années;

3° La publication du traité par le *Constitutionnel*, le 26 juillet, avant le journal officiel;

4° Les confidences à M. Léon Faucher;

5° Et l'enquête dérisoire à la Bourse.

En groupant tous ces faits, ils établissent des présomptions, rien que des présomptions, parce qu'on ne peut rien prouver. Un ministre ne doit même pas être soupçonné.

La révolution de Juillet a amené beaucoup de crises, et plusieurs ministres se sont succédé : le public n'a jamais soupçonné un ministre, et jamais on n'a demandé à la tribune de la Chambre à un ministre de justifier sa probité publique.

Tout ce que je dis de la Bourse c'est de l'histoire vivante; s'il se trouvait le moindre doute dans quelques esprits, je les prierais de consulter les soixante agents de change, les courtiers de la coulisse, les capitalistes, les banquiers, le commissaire du gouvernement, et tout le public de la Bourse.

La Bourse de Paris a été ruinée par le pacha d'Égypte; et le pacha d'Égypte a été ruiné par la Bourse.

COURS DE LA BOURSE.

Fin du mois.

	5 pour %			3 pour %		
	Plus haut.	Plus bas.	Dernier cours.	Plus haut.	Plus bas.	Dernier cours.
1840. Juillet. 20			119,10			86,55
21			119,20			86,60
22			119,25			86,70
23			118,90			86,25
24			118,90			86,30
25		118,60	116,60		85,70	85,70
27	117,60	116,15	117	84,70	83,10	83,70
30	115,50	113,50	113,50	82,90	81,25	81,80
31	114,80	112,75	114,80 (1)	82,80	80,85	82,80
Août. 1	114,75	114	114,05	83	82	82,25
3	113,95	113,40	113,65	82	81,50	81,65
4	114	113,50	113,80	81,80	81,15	81,55
5	113,75	111,50	112	81,89	78,45	79
6	113	111,45	111,85	79,90	78,65	79,15
7	113,25	111,75	113,20	80,25	78,85	80,10
8	114,90	114	114,70	81,40	80,40	81,20
10	116,60	116	116,50	83	82,40	82,60
11	116,50	115,75	116	82,60	81,75	81,95
12	115,95	115,15	115,35	82	81,35	81,50
13	114,55	113,75	114,10	80,75	79,60	80,15
14	113,40	112,65	112,95	79,60	78,80	79,35
17	113,75	113,10	113,40	80,30	79,70	80,10
18	113,10	111,90	111,99	79,70	78.90	78,90
19	112,10	111,40	111,95	79,15	78,50	78,95
20	112,40	110,40	110,50	79,40	77,35	77,40

(1) Les cours que j'indique, ne se rapportent pas tout-à-fait avec ceux de M. Desmousseaux de Givré. Les affaires au comptant ne sont presque rien en comparaison de celles de la fin du mois ; il arrive souvent que quelques minutes avant la clôture on ne fait plus rien au comptant Dans ces jours de variations, il ne fallait que quelques minutes pour amener une hausse ou une baisse d'un franc et plus ; on a vu souvent ces variations se produire au dernier moment de la clôture.

Fin du mois.

	5 pour %			3 pour %		
	Plus haut.	Plus bas.	Dernier cours.	Plus haut.	Plus bas.	Dernier cours.
1840. Août. 21	111,60	110,25	111,40	78,50	77,25	78,30
22	111,95	111,40	111,40	78,50	78,25	78,30
24	113,30	112,30	113,25	80	79,20	80
25	114	112,85	113,30	80,75	79,70	80,05
26	113,80	112,70	113,30	80,05	79,55	80,05
27	113,75	113,25	113,25	80,70	80,25	80,25
28	113,40	113,10	113,30	80,40	79,90	80,15
29	113,25	113,20	113,70	80,40	79,95	80,40
31	114	113,20	113,20	80,65	79,90	79,90
Septembre. 1	113,70	113,20	113,70	80,10	79,75	80,10
2	114,30	113,50	114,10	80,45	79,95	80,30
3	113,60	113,15	113,15	80,15	79,30	79,30
4	113,75	113,15	113,50	79,75	79,30	79,40
6	113,65	113,35	113,15	79,50	79,10	79,10
7	109	106,50	107,25	77,30	75,25	76,20
8	108,95	108	108,10	77,25	76,35	76,50
9	107,75	105,50	105,50	75,70	73,60	73,60
10	105	103,50	104,75	72,80	71	72,75
11	105,50	103,40	103,50	73,25	71	71,10
12	102,50	101,50	102	70,30	69,40	70
14	102,25	100,45	102,25	70,15	68,50	70,15
15	103,50	103	104,80	73	71,50	73
16	106,70	104,90	106,25	74,90	72,75	74,75
17	108	106,20	166,25	75,90	74,20	74,20
18	108,50	107	107,20	76	75	75,20
19	107,65	106,90	107,60	75,50	74,80	75,50
21	107,60	106,30	106,30	75,30	74,05	74,05
22	105,70	104,50	105,50	73,60	72,40	73,55
23	105,35	104,60	105,30	73,30	72,55	73,10
24	106,30	105,70	105,95	73,75	73,05	73,10
25	106,50	106,10	106,50	73,60	73,15	73,55
26	106,25	105,50	105,60	73,25	72,40	72,45
28	106,25	105,70	106,25	73,20	72,50	73,20
29	106,95	106	106,10	73,95	73,05	73,15
30	106,25	104,50	104,50	73,35	71,35	71,35

Fin du mois.

	5 pour °/₀			3 pour °/₀		
	Plus haut.	Plus bas.	Dernier cours.	Plus haut.	Plus bas.	Dernier cours.
1840. Octob. 1	104	104,80	104,05	71,80	70,60	70,95
2	101,90	100,60	101	67,80	66,25	66,80
3	102	101	102	67,95	66,25	67,95
5	102,50	101,25	102,10	68,25	66,90	67,75
6	102,30	100,30	100,50	68,20	65,25	65,25
7	102,25	100,90	101,70	67,40	65,75	66,80
8	102,75	102,15	102,30	67,75	67	67,30
9	104,40	103	103,90	69,50	67,75	68,90
10	104,50	103,85	104,15	69,35	68,80	60,10
12	106,50	105	106,30	71,75	70	71,70
13	107,75	106	106,20	73,20	71,80	72,15
14	106,30	104,90	106,30	72,45	70,80	72,30
15	106,65	105,55	106	72,80	71,75	72
16	105,60	104,80	104,80	71,75	70,50	70,50
17	104,65	103,85	104,10	70,60	69,80	70,15
19	106,30	105,80	106	72,50	71,60	72,15
20	106,50	106,80	106	72,75	72	72,20
21	106,60	106,20	106,60	73	72,40	73
22	106	105,40	105,50	72,25	71,75	71,80
23	106	105,75	105,80	72,70	72,15	72,35
24	106,25	105,95	106,10	73,10	72,75	72,95
26	107,40	106	107,30	74,60	72,80	74,45
27	107,60	107	107	74,90	74,30	74,35
28	107,60	107,10	107,35	74,75	74,35	74,55
29	108	107,40	108	75,30	74,45	75,30
30	109,60	109	109	77	77,05	76,30
31	109,05	108,70	108,85	76,30	75,55	75,75

CHAPITRE XV.

FORTIFICATIONS DE PARIS.

Je veux vous mander la chose la plus étonnante, la plus surprenante, la plus merveilleuse, la plus miraculeuse, la plus triomphante, la plus étourdissante, la plus inouïe, la plus singulière, la plus extraordinaire, la plus incroyable, la plus imprévue, la plus petite, la plus grande (*Madame de Sévigné*); la plus guerrière, la plus pacifique, la plus politique, la plus impolitique, la plus hardie, la plus timide; c'est un rêve, c'est une vérité, c'est une équation algébrique dont la solution connue est une dépense de 150 millions, le surplus de la dépense restera inconnu.

La terre donne tout; la terre reprend tout; l'or sort de la terre et l'or rentre dans la terre.

Les fortifications de Paris sont une preuve que la représentation du peuple n'est pas toujours une vérité.

Le Roi, les ministres et les deux Chambres ne voulaient pas les fortifications telles qu'on les a votées.

Si l'on avait pu consulter les colléges électoraux (je veux dire la majorité électorale) sur cette grande question, ils se seraient probablement prononcés contre cette énorme dépense.

C'est une loi qui a été votée par entraînement, par un esprit d'opposition des partis politiques contre l'opinion et la conscience publiques : elle laissera plus d'un regret aux uns et aux autres.

Je n'aurais pas parlé des fortifications de Paris, si elles ne représentaient pas les deux systèmes politiques des deux ministères : celui qui est sorti et celui qui est entré. L'un s'est retiré, parce qu'il veut la guerre ; l'autre est entré parce qu'il ne la veut pas. Cependant le nouveau cabinet a adopté les fortifications ; il a continué tous les préparatifs de guerre, les dépenses se sont faites, le trésor s'est vidé. Sous ce rapport le ministère n'a fait que changer de nom. Il y a des positions politiques, où le respect et la prudeuce commandent le silence.

Paris fortifié représente un enfant de la révolution ; né hors mariage, il a entraîné les Chambres à reconnaître sa légitimité.

L'illustre maréchal, président du Conseil, a accepté une dot plus forte pour marier la fille cadette aux dépens des droits légitimes de la fille aînée de la France (1).

(1) Discours du maréchal Soult, président du Conseil, le 24 mars 1841 : « Il y avait des actes du gouvernement, il y avait des ordon- » nances royales rendues, il y avait des crédits ouverts, des marchés » passés, des travaux dont l'exécution était commencée sur toute la » surface du pourtour de Paris ; et on croit que, dans cette situation, » un gouvernement quelconque qui succède à un autre gouverne- » ment puisse se dégager, faire table rase et dire : tout ce qui a été » fait est comme non avenu ! C'est impossible, nous ne pouvions » raisonner ainsi : quand la foi d'un gouvernement est engagée, per- » sonne ne peut venir pour le désavouer, et la politique n'admet pas » autre chose. — Si ce principe était absolu, il serait bien dange-

La fille aînée aura à sacrifier pendant six ans les économies du budget ; ce qui retarde son mariage au moins de six ans.

Si l'économie du budget ne venait pas à son secours, et si une autre fille de la révolution venait à naître dans ces six ans de soupirs, ces soupirs pourraient se prolonger à l'infini. Dans tous les cas, les chemins de fer, les grandes routes, les canaux sont abandonnés pour six ans, à moins que le pays ne consente à s'imposer de nouvelles charges.

Les fortifications de Paris, si toutefois on les achève, ce qui est fort douteux, exigeront de grandes modifications ; on a sacrifié des trésors à une idole.

Des hommes qui font autorité, m'ont assuré qu'on n'achèvera pas les fortifications de Paris pour le double de la somme qu'on a votée. On verra un jour, autour de Paris, des ruines qu'on sera obligé de démolir. Tôt ou tard, les fortifications de Paris seront la cause d'un grand événement politique.

Le ministère Thiers a fait enfoncer les portes et a fait démolir la maison ; et lorsque la maison a été rasée, on est venu demander au propriétaire la permission d'y entrer, et la majorité des Chambres lui a accordé un bill d'indemnité au lieu de le mettre en accusation. C'est un précédent qui peut avoir les conséquences les plus funestes pour le pays.

M. Thiers a voulu attacher une grande célébrité à son nom ; il a voulu éclipser Casimir Périer ; il a lancé son

» reux ; il obligerait un ministère à adopter les fautes du ministère
» qui l'a précédé. OUI, pour l'exécution des engagements pris avec
» des tiers ; NON, pour tout le reste. »

ballon d'essai, il ne pouvait penser que le vent tournerait si vite contre lui; mais en France le vent politique change si souvent, avec tant de rapidité, qu'il arrache la boussole des mains de ceux qui croient la bien tenir.

Il n'y a pas une classe, dans toute la France, qui voulait les fortifications, excepté les entrepreneurs de maçonnerie, semblables aux fournisseurs des armées qui veulent la guerre, parce que la guerre les enrichit.

M. d'Argout, gouverneur de la Banque, partisan des fortifications, a sollicité un certificat des chefs du comptoir des entrepreneurs, qui ont un intérêt personnel à ce que les fortifications se fassent, parce que ce grand mouvement des fonds leur produit des grands bénéfices.

Je demande à la raison publique, si jamais dans une affaire on consulte la partie intéressée : il aurait fallu consulter les propriétaires de Paris et de la banlieue, les chefs de l'industrie et du commerce, toutes les opinions de la France, et non une seule maison.

Les fortifications ont été obtenues par une opposition de partis politiques sans exemple dans les annales parlementaires.

Je comprends que M. Thiers ait demandé les fortifications : elles sont le point d'appui de son grand système d'ambition, ou d'une guerre réelle, ou d'un simulacre de frayeur de guerre : il réveille toutes les passions populaires; il imprime la crainte réelle d'une invasion, et il masque toutes les autres combinaisons; mais, ce que je ne comprends pas, c'est comment des conservateurs, dans les deux Chambres, ont adopté les fortifications; c'est une partie d'échecs politique : l'avenir seul nous fera connaître ceux qui auront gagné la partie.

M. Thiers doit cette grande victoire à son alliance avec la gauche dynastique; la gauche ne peut arriver au pouvoir que par et avec M. Thiers : c'est là tout son espoir; or, si la Chambre n'avait pas adopté les fortifications, sa politique était condamnée, et, par conséquent, tout espoir de la gauche perdu pour long-temps; tandis qu'en votant pour les fortifications, M. Thiers est toujours là, comme un navire qui attend la marée, prêt à rentrer au ministère; et alors avec lui rentrerait immanquablement M. Odilon-Barrot avec tous les autres surnuméraires de son parti.

M. Odilon-Barrot et son parti ne voulaient même pas accorder les forts détachés au ministère Soult, qui était alors président du Conseil comme aujourd'hui; mais ce n'est pas au maréchal Soult qu'ils les accordent : c'est à M. Thiers, leur allié et leur espoir.

Les partisans et les adversaires ont presque tout dit sur cette question; mais on répétera tous les jours, toutes les heures, toutes les minutes, qu'il est fâcheux qu'on ait fait un passe-droit aux travaux publics, auxquels on a enlevé 150 millions qui leur auraient été destinés et qui auraient été bien profitables au pays et à l'industrie, qui est la source de la richesse des États.

La chose paraît si étrange que, même en voyant les travailleurs, on a encore de la peine à y croire.

Les fortifications n'empêcheront pas la guerre; si la France a des alliés, on ne pourra pas la lui faire; si elle n'en a pas, elle ne pourra avoir qu'une guerre de principes, c'est-à-dire elle aura la guerre contre toute l'Europe.

Dans la position où se trouvent les puissances à l'égard de la France, une guerre de principes ne peut être qu'une guerre de révolution; or, la France ne pourra pas soutenir longtemps une guerre de révolution, comme je l'ai expliqué au chapitre XIII.

L'étranger ne pourra jamais marcher sur Paris, que par suite de plusieurs grandes victoires. Paris fortifié, il faudra cent mille hommes de plus pour le défendre. Les ennemis ne marcheront jamais sur Paris, qu'avec des forces suffisantes. A tout événement, le pays aurait cent mille hommes de plus à nourrir si Paris est fortifié.

Une défaite découragerait les uns et encouragerait les autres.

La population de Paris est turbulente : les boutiques des boulangers assiégées et des émeutes dans les rues feraient plus de brèches à la ville que les canons de l'ennemi.

Qu'on ne s'y trompe pas, l'étranger n'osera jamais marcher sur Paris qu'avec la certitude du succès, et lorsqu'il pourra enfoncer des portes ouvertes.

Eh! grand Dieu! soyons patriotes de cœur et d'ame; soyons patriotes en bons pères de famille; défendons nos institutions à la vie et à la mort; ne soyons pas patriotes comme M. Thiers, qui provoque toute l'Europe et qui recule à la première résistance.

Les fortifications de toute la France s'écrouleraient devant la désunion de la Chambre des députés, tandis qu'avec l'union de la Chambre, tous les villages deviendront des fortifications inexpugnables.

Ne nous laissons pas envahir par la démocratie; ne provoquons personne; la France aura des alliés, et elle n'aura jamais à craindre une guerre de coalition.

Un gouvernement qui fait des emprunts pour faire des dépenses qui enrichissent la population, sème pour récolter; mais un gouvernement qui fait des emprunts pour faire des dépenses qui ne produisent rien et qui ne sont pas d'une nécessité incontestable, ruine ses finances et appauvrit le pays.

CHAPITRE XVI.

ALLIANCE DE LA FRANCE CONSTITUTIONNELLE AVEC LES GOUVERNEMENTS ABSOLUS.

La France de 1830 a jusqu'à présent fondé sa politique sur la Révolution de Juillet. Cette politique l'a isolée des gouvernements absolus; elle n'a trouvé de sympathie et d'alliance qu'avec l'Angleterre. Les autres pays n'ont pas osé faire d'alliance avec un pays qui a eu tant d'émeutes à vaincre, tant d'attentats à punir, qui, à chaque session, est menacé d'être envahi par la démocratie, et qui est toujours à la veille d'un changement de ministère et de politique.

La France ne trouvera d'alliance véritable et rationnelle que lorsqu'elle présentera aux gouvernements absolus une politique sûre et une stabilité gouvernementale. Elle pourra bien trouver des alliances de circonstance; mais sur lesquelles elle ne pourra compter au moment du danger.

Cette situation maintient une unité parfaite entre les trois grandes puissances continentales; de manière que l'Europe est partagée en deux camps: d'un côté les gouvernements absolus, et de l'autre, la France.

L'Angleterre tient le levier de l'équilibre: lorsqu'elle le

laissera tomber, il entraînera dans sa chute la politique européenne. On doit se précautionner contre cet événement par une alliance continentale; mais, pour y arriver, il faut que la Chambre présente une majorité stable, qui offre toutes les garanties gouvernementales.

Il ne faut pas que la France recule ou avance avec les passions politiques, comme cela s'est vu jusqu'ici : tantôt c'est un ministère de paix, tantôt un ministère de guerre. Cette incertitude nous mine au-dedans et nous déconsidère au-dehors. Une modification à la loi électorale remédierait à tous ces maux.

Si la France présentait une stabilité gouvernementale, toutes les puissances rechercheraient son alliance; elle tiendrait la balance européenne.

Heureux le pays! heureux le souverain! dont on peut dire comme de Numa : « Il a gouverné par les lois, il a régné sans guerre. »

CHAPITRE XVII.

LACUNE DANS LA CHARTE DE 1830.

Une malheureuse circonstance nous a révélé qu'il existe une grande lacune dans la Charte de 1830. Un ministère peut entraîner le pays dans une guerre injuste, ruiner les finances et compromettre l'indépendance nationale. Le ministère, outre qu'il nous a jetés dans des dépenses énormes, nous a encore laissé un germe de guerre et une inquiétude pour l'avenir.

Les trois pouvoirs constitutionnels devraient aviser à un moyen de remédier à ce mal; c'est une question importante dont peut dépendre le salut du pays; elle mérite d'être traitée par une plume plus habile et plus exercée que la mienne : le mal que je signale, indique une grave lacune dans la Charte; quand même je voudrais développer mes idées à cet égard, je risquerais de ne pas être écouté.

Souverain, Chambres, nation, n'abandonnez pas votre vie, votre famille, votre fortune, votre honneur et votre indépendance à un ministère, souvent dirigé par un seul homme, qui peut se tromper de bonne foi, ou agir dans des vues personnelles.

Le ministère Thiers, je le répète, a failli mettre la France à feu et à sang, et cela, sans aucune cause que celle de son imagination ou de son ambition, car la cause a disparu avec sa retraite.

Lorsqu'en 1830 les trois pouvoirs ont concouru pour faire un pacte constitutionnel, ils ne se sont pas interdit le droit de faire les changements et les modifications que le temps et la situation civile et politique pourraient rendre nécessaires. C'eût été nier à tout jamais la nécessité du perfectionnement et l'évidence du progrès de l'esprit humain. Les trois pouvoirs n'ont pas prétendu dire qu'on ne peut jamais mieux faire; ils n'ont pas voulu se proclamer infaillibles.

Les constitutions, les traités politiques, comme les associations particulières, peuvent se modifier lorsque toutes les parties sont d'accord et que ces modifications sont réclamées par tous et dans l'intérêt de tout le monde. C'est un principe inhérent aux intérêts des nations et à la morale publique. D'ailleurs, il ne s'agit ici que d'un article additionnel et de limites à poser à la puissance ministérielle. Toutes les classes approuveront cette modification. Nous ne voulons pas le gouvernement absolu d'un roi, et nous supportons le gouvernement d'un ministre!

Vous, France électorale, vous, souverains de la presse, qu'auriez-vous dit si un roi absolu eût fait ce qu'a fait le ministère Thiers? Je le demande à votre bonne foi, à la conscience publique.

Que diriez-vous si le roi avait engagé le pays dans une guerre générale, sans provocation et sans but? Et c'est pourtant dans cette situation que nous a mis le ministère Thiers!

Après avoir pendant dix ans vaincu l'émeute, puni les

attentats, déjoué les complots pour jouir du bienfait d'une monarchie constitutionnelle, supporterons-nous un règne ministériel? Hâtons-nous d'en prévenir le retour. Ne laissons pas nos institutions incomplètes.

CHAPITRE XVIII.

CONCLUSION.

J'ai dit plus haut, et je le répète : la France est le pays le plus libre de l'Europe. La fertilité de son sol, l'industrie et l'intelligence de sa population la rendent le pays le plus riche du monde.

Un gouvernement doux, paternel, un Roi honnête homme, vertueux et le premier sujet de la loi, et avec tous ces avantages, la France est le pays le plus turbulent, le plus agité et le plus mécontent de l'Europe.

Cette situation provient du manque d'équilibre entre les pouvoirs de l'État; la puissance démocratique est trop forte, et la puissance monarchique trop faible. La puissance démocratique entraîne la puissance monarchique, de manière que la faiblesse de l'action gouvernementale se produit par la force de l'action démocratique. A la sortie d'une révolution, un gouvernement est faible; il ne retrouve sa force que lorsque le temps a fait oublier son origine. Jusqu'à présent on a fait le contraire. Dans plusieurs discours, on a dit au Roi qu'il ne doit sa couronne qu'au peuple; mais on ne lui a jamais dit qu'il a sauvé le peuple d'une république et de l'anarchie.

Les députés prêtent le serment d'obéissance à la Charte

onstitutionnelle et aux lois du royaume, et plusieurs 'entre eux s'avouent légitimistes ou républicains.

Pendant dix ans, la France s'est trouvée dans des convul-ions occasionnées par des attentats, des émeutes et une pposition hostile, systématique, qui compte des députés la tête des journaux de l'opposition. Le germe de ce ıalaise est dans la majorité flottante et *circonstancière* de a Chambre élective, et on n'en sortira que par une mo-ification à la loi électorale.

Il faut s'occuper de cette modification avant qu'un évé-ement subit ne vienne l'arracher au gouvernement. L'art de bien gouverner les peuples agités consiste dans ıne sage prévoyance.

La crainte d'un attentat et d'un bouleversement existe n permanence dans tous les esprits, parce qu'au lieu de e renfermer dans la loi, la presse et toutes les oppositions nettent tous les jours la royauté en question. Cette crainte 'existe ni en Angleterre, ni dans aucun autre pays. On e pourra sortir de cette position qu'en rétablissant l'é-quilibre entre la puissance monarchique et la puissance lémocratique; sinon, la France est menacée d'une grande atastrophe.

Les partis de la Chambre se composent d'éléments pro-pres à former une seconde coalition, ou bien, par une si-uation nouvelle, la Chambre sera divisée en deux camps; ın ministère intérimaire en serait la conséquence, et par uite un gouvernement deviendrait impossible.

La position du Roi pourrait bien le forcer de dire à la Chambre des députes. « J'ai accepté de la souveraineté du peuple, la couronne avec la Charte constitutionnelle de 1830 pour moi et mes successeurs; j'ai juré de gouverner

» la France par les lois; la désunion de la Chambre et ses
» exigences ne me permettent plus de conserver la cou-
» ronne. La Chambre veut se servir de mon nom pour
» régner; je ne puis l'accepter. Je me retire avec ma fa-
» mille. Régnez comme vous pourrez. »

Dans quelle situation se trouverait alors la France?

Sans le Roi, plus de gouvernement monarchique constitutionnel.

Avec la république, ce serait l'anarchie et par suite Henri V.

Avec un Napoléon, la Chambre commanderait elle-même une journée du 18 brumaire avec ses propres funérailles à Saint-Cloud; ce serait le règne du sabre, et la guerre avec toute l'Europe.

Avec un prince de la pépinière étrangère! Il est plus que douteux qu'un prince souverain aux cinquante mille francs de rente veuille accepter la couronne que le Roi des Français aurait abandonnée.

A la moindre apparence de crainte de la retraite du Roi, la rente et toutes les propriétés baisseraient de moitié; toutes les transactions et tous les travaux seraient arrêtés; les ouvriers sans ouvrage et sans pain; les revenus de l'État diminueraient, et la France serait dans la plus grande agitation.

C'est pourtant à cette grande calamité que les tracasseries de la Chambre des députés peuvent exposer la France.

On prendra mes craintes pour une chimère, pour un rêve creux; j'espère moi-même qu'elles ne se réaliseront pas; mais dans la situation où se trouve la France, elles sont logiques et pourraient malheureusement se réaliser.

En fait d'événement politique, en France, il n'y a rien d'impossible: Dieu seul peut lire dans les cœurs et connaît l'avenir.

Si la France veut être la première puissance du monde, il faut qu'elle se hâte de cesser d'être une révolution.

Je sollicite les trois pouvoirs constitutionnels, je sollicite les électeurs de prendre mes propositions en considération: ce sera le seul moyen d'éviter jusqu'à la crainte d'une nouvelle révolution.

Je trouverai des partisans et peut-être une majorité dans les Chambres; mais je crains que personne n'ose prendre l'initiative: on a peur de la presse et des oppositions. Avec ce système de peur, la France peut périr d'inanition; cependant, l'adoption de la loi des fortifications de Paris doit encourager les majorités. Je le répète avec la conviction la plus profonde, et ce n'est pas sans utilité de le répéter, qu'il n'y aura de stabilité gouvernementale en France, qu'en adoptant les modifications que je propose.

Quoi qu'il arrive, je dirai comme Galilée, « et pourtant la terre tourne. »

PROJET DE MODIFICATIONS.

1° Porter l'éligibilité de 500 à 1000 fr.;

2° Indemnité et traitement aux Députés;

3° Application des pénalités du jury aux électeurs qui ne viendraient pas voter;

4° Une loi efficace contre la licence de la presse;

5° Un article additionnel à la Charte sur la responsabilité ministérielle;

6° La Chambre avisera, par son réglement, à obliger les députés d'assister avec exactitude à ses séances.

RECENSEMENT ET FONDS SECRETS.

Le travail qu'on vient de lire a été composé en mai et in derniers, pendant un séjour à la campagne : un oyage de deux mois en a retardé l'impression. Depuis nt eu lieu les affligeantes scènes dont le recensement été le prétexte ; je ne puis me décider à mettre sous resse cet opuscule, sans y ajouter quelques pages sur e recensement.

Le recensement et le fol attentat contre un fils du Roi, voilà deux grands événements qui sont venus conirmer tout ce que j'ai dit de notre situation politique.

Le recensement des individus et des propriétés se praque chez tous les peuples civilisés ; c'est une nécessité gouvernementale, comme je vais l'expliquer.

La population d'une localité peut augmenter ou diminuer, tous les cinq ou dix ans ; les propriétés territoriales et bâties peuvent subir une variation dans leur valeur ; la propriété est aussi une industrie ; la culture et les produits varient ; on défriche des terres non cultivées, on plante des bois ; des terres non cultivées sont traversées par des routes nouvelles, par des chemins de fer, par des canaux, etc., etc. ; une maison tombe en ruines, on la démolit ou on la rebâtit ; d'une chaumière, on fait une maison ou un château ; on agrandit une manufacture, ou l'on en réduit une grande. Tous ces changements obligent le gouvernement à fixer l'impôt avec impartialité et dans une juste proportion ; tout cela se fait en vertu d'une loi, et l'autorité, qui est dépositaire de la loi, doit la faire exécuter.

Il n'est nullement question d'augmenter l'impôt, ni de violer la loi. Il s'agit au contraire pour le gouvernement de rechercher les éléments pour arriver à une égalité entre tout ce qui est imposable.

Le recensement d'un État est absolument la même chose que lorsqu'un particulier fait son état de situation pour connaître sa position ; c'est une mesure d'ordre plusieurs propriétaires et négociants doivent leur ruin à leur négligence de connaître leur situation. Faire, tous les cinq ou dix ans, le recensement du pays, c'est rempli une mission juste et légale ; c'est en même temps un grand principe d'économie politique.

Tout le monde sait qu'aucun pouvoir en France n peut prélever un impôt sans y être autorisé par un loi discutée et adoptée par les Chambres, et sanctionné par le Roi. Art. 40 de la Charte : « Aucun impôt ne peut » être établi ni perçu, s'il n'a été consenti par les deu » Chambres et sanctionné par le Roi. »

Chaque département est représenté à la Chambre pa des mandataires pour discuter les lois.

Dans l'intervalle des sessions, les ministres doivent pré parer les projets de loi ; ils ont besoin de réunir tou les documents et tous les éléments nécessaires, et lors qu'ils présentent ces projets à la Chambre, les députe défendent les intérêts des contribuables.

Si chaque ville, chaque village veut se gouverner d'a près sa propre volonté, les Chambres deviennent inuti les; supprimez-les alors ; supprimez aussi les tribunaux et licenciez l'armée. Mais la France sera-t-elle ainsi pr tégée? En se soulevant contre le recensement, on invoque la Charte, et l'on s'élève contre ceux qui sont chargés de la faire exécuter, semblables à ces fanatiques qui tuent leur prochain, pour être agréables à Dieu.

Français! voulez-vous être gouvernés par les journaux des oppositions (car ce sont ces journaux qui vous excitent contre le recensement)? nommez parmi les rédacteurs de ces journaux, un Roi, une Chambre des députés et une Chambre des pairs: les candidats ne manqueront pas.

Le recensement ne fait pas augmenter l'impôt; nulle atteinte n'est portée à vos libertés, tout reste dans le même état.

Voyez les villes qui n'ont pas résisté au recensement, Paris en tête, elles ne paient et ne paieront pas plus après le recensement qu'auparavant. Et qu'ont gagné ces villes qui se sont révoltées, si ce n'est à répandre le sang de leurs concitoyens! Heureusement qu'on n'a pas partout assommé nos braves soldats, dévasté et pillé nos propriétés. Quand viendra la discussion publique, solennelle, de ces jours néfastes de rébellion, ceux qui y ont pris part, s'ils ont un cœur honnête, rougiront de honte et de remords; mais le remords des assassins ne rend pas la vie aux victimes.

La résistance au recensement est due aux partis politiques et à la presse hostile; ils profitent de toutes les occasions pour égarer l'esprit public et soulever les masses contre l'autorité légale; ils sont toujours d'accord quand il s'agit d'affaiblir la royauté; ils n'ont d'autre but que de créer de l'embarras au gouvernement.

Des députés, des députés jurisconsultes, des députés

rédacteurs de journaux de l'opposition, ont déclaré l'illégalité du recensement; des conseillers municipaux, des gardes nationaux ont résisté à l'exécution de la loi: nouvelle preuve que toutes les élections quelconques, sans aucune exception, se rattachent essentiellement à la politique, et peuvent exercer plus ou moins d'influence sur la tranquillité publique; un grand nombre d'électeurs ne sont pas bien pénétrés de cette grande et importante vérité.

Le ministère peut dissoudre le conseil municipal, licencier la garde nationale; mais comme il ne peut s'empêcher de les renvoyer devant les mêmes électeurs, si les mêmes personnes sont réélues, c'est un embarras pour le gouvernement.

La position du gouvernement était très grave: il ne pouvait ni reculer ni faire une concession intempestive; heureusement il a évité les piéges que lui ont tendu ses ennemis.

En examinant avec calme les attaques combinées contre le recensement, on y reconnaîtra une révolution tout entière; il en est résulté des révélations importantes:

1° Organisation et permanence des sociétés secrètes, armées contre la royauté et l'ordre social;

2° La garde nationale ne suffit pas pour la répression de l'émeute;

3° La France ne peut désarmer: ses nombreux bataillons lui sont nécessaires pour le maintien de la tranquillité intérieure; c'est la fidélité et la discipline de l'armée qui ont sauvé la France.

Développons ces trois points.

Les faits dont nous venons de parler sont d'hier, ils

se sont passés sous nos yeux ; on ne les contestera pas ; tous les honnêtes gens en ont été affligés; les impressions qu'ils ont dû produire à l'étranger sont excessives. On peut y avoir confondu la nation paisible avec une horde d'agitateurs organisés pour détruire tout ce qui leur fait obstacle, et l'on a osé rêver une guerre de propagande! En France, un Français a tiré sur un fils du Roi, en plein jour, en présence de toute la population accourue pour saluer un régiment de braves. Crime sans but comme sans exemple; les assassins n'ont voulu que porter le deuil dans la famille royale : triste avertissement pour elle et pour la France !

En Angleterre, on accorde de fortes récompenses aux révélateurs : pour de l'argent, on trouvera encore des Deutz.

Si on annonçait publiquement l'intention de récompenser largement les révélateurs, cette publicité seule jetterait la défiance dans les sociétés secrètes. On pourrait aussi promettre aux révélateurs de taire leurs noms : l'appât d'une grande récompense arrêterait les associations.

L'administration des douanes obtient par le système des révélations les saisies des marchandises prohibées dans l'intérieur ; elle doit à ces révélations la plus grande partie de ses saisies : elle accorde aux révélateurs un sixième du produit net de la vente.

On ne peut découvrir la pensée d'un homme ; mais, dès qu'il y a un complot de quelques personnes, une bonne police devrait le connaître.

A chaque session, la question des fonds secrets devient une question de cabinet. Le ministère ne demande que le strict nécessaire dans la crainte d'une réduction ou d'un rejet. En effet, toutes les oppositions votent ordinairement contre les fonds secrets, tandis que la majorité accorde tout ce que le ministère demande.

La Chambre ne devrait jamais discuter cet objet; le ministère a la majorité ou il ne l'a pas; s'il a la majorité, la confiance publique lui est acquise.

La Chambre devrait, en bonne politique, voter un crédit de quelques millions applicables aux révélations des sociétés secrètes.

Les fonds secrets doivent être en raison de l'agitation ou du calme du pays.

Depuis 1830, après une révolution, on aurait dû doubler et même tripler le chiffre des fonds secrets; on aurait évité de grandes dépenses, bien des maux et des condamnations. Le crédit dont nous parlons est nécessaire, car un ministre n'aime pas, après coup, demander un bill d'indemnité; cette demande donne toujours lieu à des discussions irritantes et scandaleuses. Les Chambres ont voté des centaines de millions pour du sable et des moellons, millions contestés par une imposante minorité dans les deux Chambres, et elles n'oseraient pas voter une réserve de quelques millions pour la sûreté de l'État, somme évidemment plus utile que les millions employés aux fortifications de Paris!

La France ne peut se passer d'une police active et vigilante; la révolution de 1830 est encore trop près de nous. Avec de l'argent on obtient une bonne police, et une bonne police et de l'argent, c'est un passe-partout.

On demande des économies; la première de toutes les économies, c'est le maintien de l'ordre : sans ordre, il n'y a pas de gouvernement, et sans gouvernement, c'est de l'anarchie; au bout de l'anarchie, c'est la ruine et le despotisme.

On doit considérer les chefs des sociétés secrètes comme atteints d'une fièvre chaude politique; on rendrait un grand service à ces malades, si on leur fermait bien toutes les issues, pour les empêcher de se jeter par la fenêtre; on éviterait des crimes et des condamnations. Jusqu'ici ils n'ont gagné dans leur folie que la prison et la mort.

Les partis politiques ont des sentinelles et une avant-garde en permanence destinées à troubler l'ordre. Ils profiteront d'un moment où le pays s'y attendra le moins pour allumer le brandon de la guerre civile.

On aurait taxé de folie celui qui aurait dit d'avance que le recensement occasionnerait la guerre civile sur plusieurs points de la France. Ces résistances seraient plus fréquentes s'il y avait moins de troupes pour les réprimer; il faut que le Gouvernement soit toujours prêt à écraser l'émeute. Les étrangers doivent, dans leur propre intérêt, désirer que la France ne désarme pas; car une révolution en France serait un bouleversement européen. Une armée imposante, c'est la paix; le désarmement, c'est le trouble et la guerre.

Le soldat ne se laissera pas toujours assommer l'arme au bras; il y a quelque chose au-dessus de l'obéissance, c'est l'instinct de la conservation. Si les soldats avaient toujours défendu leur vie, les populations qui les ont attaqués eussent été décimées.

La question du recensement doit être portée devant la Chambre des députés; si le ministère a violé la Charte et les lois, il doit être mis en accusation. Si, au contraire, il n'a fait qu'obéir à la loi, le ministère est dans l'obligation de mettre en accusation les députés, les députés rédacteurs de journaux de l'opposition, les députés fonctionnaires publics qui ont déclaré et soutenu l'illégalité du recensement; reculer devant cette discussion parlementaire, ce serait une lâcheté de cœur et d'esprit de la part des uns et des autres. La France est en droit d'exiger ces débats publics; les coupables doivent être connus et flétris n'importe où ils se trouvent. Une impunité ou une concession, ce serait accorder une prime d'encouragement à tous ceux qui résisteront armés à la force publique.

Il faut que cette grande question soit vidée nettement, sinon elle pourrait se reproduire sous d'autres formes. D'ailleurs, on fera encore d'autres recensements en France.

Il ne s'agit pas ici d'un objet de mince importance qu'on veut oublier, mais du salut de la France.

Ce n'est pas un procès ni un système politique que la Chambre aura à discuter, mais elle aura à décider si le recensement est ou non légal.

Électeurs, faites votre profit de cette discussion, elle est de la plus haute importance pour vous.

C'est à la Chambre de saisir cette circonstance pour armer le Gouvernement de toutes les forces nécessaires à réprimer les écarts de la presse, pour écraser l'émeute, et conserver les libertés publiques.

FIN.

FRAGMENTS

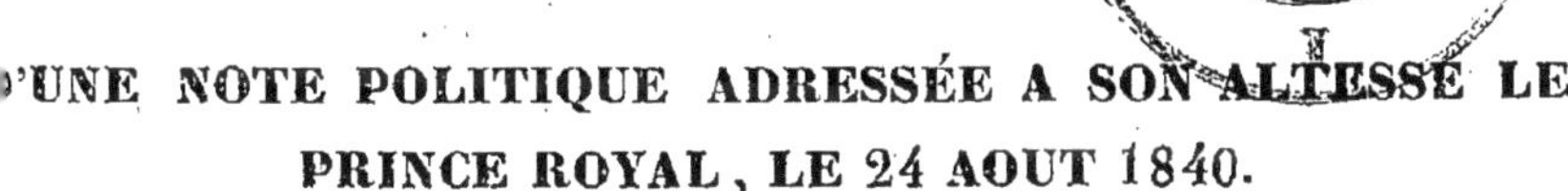

'UNE NOTE POLITIQUE ADRESSÉE A SON ALTESSE LE PRINCE ROYAL, LE 24 AOUT 1840.

On a vu avec crainte arriver à la présidence du Conseil M. Thiers; a déjà voulu nous accabler d'une intervention en Espagne, interven-on qui aurait pu nous mettre la guerre sur les bras.

Son alliance avec la gauche et l'affaire d'Ancône lui ont fait perdre ute la considération au-dedans et au-dehors.

Si c'est un ministère par contrainte forcée, la royauté, la Chambre et ministère lui-même, se trouvent dans une fausse position dont on doit rtir.

Un ministre habile n'aurait pas dû, le lendemain du jour où il a fait onnaître l'existence du traité, faire sonner la trompette guerrière par presse qui est à ses ordres.

Menacer les quatre puissances de la guerre, est une véritable fanfaron-ade aux yeux des hommes graves. Napoléon, avec ses 700,000 hommes, 'aurait jamais osé faire une semblable provocation.

Un ministre, homme d'État, aurait dû mettre l'honneur national à ouvert et faire agir tous les ressorts de la diplomatie; il y avait moyen e s'en tirer honorablement sans jeter l'alarme dans toute l'Europe, t sans réveiller les haines anciennes; mais on ne le voulait pas.

Si M. le ministre des affaires étrangères avait calculé les calamités 'une guerre, il aurait agi avec plus de convenance et de modération; eci dénote de l'audace et peu de capacités.

La France constitutionnelle ne peut se passer d'une alliance, soit avec 'Angleterre, soit avec la Russie; cette alliance est nécessaire à l'équilibre uropéen.

La France doit de la reconnaissance à l'Angleterre; l'Angleterre est la remière puissance qui ait reconnu la royauté de Juillet et l'indépen-lance de la Belgique; on ne peut pas dire ce qui serait arrivé sans cette econnaissance; mais il est probable que sans l'appui de l'Angleterre, ne guerre aurait été alors inévitable.

La France ne pourra pas faire la guerre à toute l'Europe pour le pach d'Égypte; tôt ou tard elle succomberait.

La question changerait de face si l'Europe déclarait la guerre à no institutions; alors la guerre serait nationale, la dernière goutte de san et le dernier écu appartiendraient à la patrie; mais faire la guerre pour l Syrie! la France jouerait un jeu de dupe : elle aurait tout à perdre e rien à gagner.

La France n'a d'allié que la Belgique, et, au moindre revers de c côté, pourrait-on y compter? Au moment du danger, on ne songe qu' son salut, surtout en politique.

Une bataille gagnée ne pourra nous conduire aux portes de Berlin Vienne, Saint-Pétersbourg et Londres; tandis qu'une bataille perdu pourra amener les étrangers aux portes de Paris.

Le gain d'une bataille dépend souvent d'un hasard: la bataille de Ma rengo a été perdue le matin et gagnée le soir; la bataille de Waterloo été gagnée le matin et perdue le soir.

Le roi des Français jouerait sa couronne et la France contre rien.

La France aurait encore d'autres ennemis que la quadruple alliance la Révolution de Juillet est encore là; les passions et toutes les ambition ne sont pas éteintes; les espérances de nos ennemis sont fondées sur no fautes politiques.

Les légitimistes, les républicains, les Vendéens, les bonapartistes, le exaltés, les amnistiés, les réfugiés et tous les bouleverseurs, etc., etc. sans compter les cendres de Napoléon.

Dans la Chambre des députés, les conservateurs ne pourraient pa résister aux radicaux et à toutes les oppositions. On rappellerait M. Thiers les lois de septembre, sa politique passée, ainsi que celle d ses collègues. Aidée par la presse, elle se populariserait, et le ministèr Thiers se trouverait débordé et ne pourrait tenir; il serait remplacé pa un ministère de la gauche *pur sang*.

Si la Chambre des pairs voulait résister, on se passerait d'elle.

Il faudrait avoir perdu la tête, pour comparer la France de 1840 ave la France de 93.

En 93, les trois pouvoirs, la guillotine, les assignats et le maximur gouvernaient la France; on n'avait qu'à combattre des coalisés; il n'étaient ni compactes ni d'accord entre eux : ils étaient loin de penser qu'un Napoléon placerait le drapeau tricolore dans toutes les villes capitales.

Le ministère serait-il assez insensé pour compter sur la propagande. La propagande est un croque-mitaine politique ; avec le moindre bon sens, on reconnaîtra qu'elle n'est qu'un rève creux.

Depuis la Révolution de Juillet, il y a eu des émeutes et des complots, et presqu'à chaque session, la Chambre a forcé le Roi à changer son ministère. La France ne présente pas assez de sécurité aux peuples étrangers pour qu'ils puissent s'y abandonner.

La Charte qu'on présenterait au bout des baïonnettes serait mal accueillie.

La guerre entraîne avec elle les dévastations et la ruine partout où elle passe. Les peuples tiennent à leur tranquillité ; d'ailleurs on n'aime pas les libertés que les étrangers apportent avec le désordre.

Quelles garanties la France peut-elle donner aux peuples qui les accueilleraient ? N'ont-ils pas à craindre les retours, des revers, et les châtiments de leurs souverains ?

Il en est du fanatisme politique comme du fanatisme religieux : il aveugle les hommes de bien ; c'est un malheur public lorsqu'on est forcé d'en subir les conséquences.

Si les doctrinaires n'avaient pas voté avec MM. Berryer, Mauguin et Garnier-Pagès, nous ne serions pas dans cette fâcheuse position.

Les cortès espagnoles ne craignaient pas les étrangers, et les Belges ont jeté le défi à toute l'Europe.

La presse ministérielle a provoqué toutes les puissances ; les menaces irritent. Chaque peuple a son amour-propre et son honneur national.

Les souverains ne peuvent se laisser rabaisser par M. Thiers, par l'homme d'Ancône : tout le mal a été fait par M. le président du Conseil et sa presse.

Quand on parle de guerre avec autant d'arrogance, on doit y être préparé. L'infanterie est incomplète et la cavalerie est sans chevaux.

Et nos finances ! le trésor serait bientôt épuisé ; le premier coup de canon ferait disparaître tous les écus politiques, déprédation des fonds publics, la crainte seule arrête déjà toutes les transactions. Une guerre ruinerait l'industrie, diminuerait les revenus de l'État et affaiblirait le crédit public.

Les étrangers, qui dépensent tant d'argent en France, quitteraient le pays; on ne peut calculer les conséquences d'une guerre. Les émeutiers reparaîtraient; l'amnistie, la clémence et les grâces ne les ont pas désarmés; nous en avons eu plus d'une preuve.

Un moyen efficace serait une prompte convocation des Chambres, et de manière à ne pas alarmer le pays; ou le ministère donnerait sa démission avant la réunion, ou il serait forcé de se retirer devant les Chambres. La Chambre exigera tous les documents et toute la correspondance de l'affaire d'Orient : on y découvrirait les fautes et l'incapacité de M. Thiers.

L'opposition du parti conservateur attaquera vigoureusement M. le président du Conseil; il sera forcé de justifier sa politique, ce qui est impossible; et, quoi qu'il arrive, il perdra la majorité dans les Chambres.

Cette nouvelle majorité se composera :

1° De tous les conservateurs qui ont voté contre la coalition;

2° De tous les doctrinaires : ils ne demandent pas mieux que de venir chercher leur pardon dans le camp qu'ils ont abandonné;

3° D'une grande partie des fonctionnaires publics : quand il s'agit d'une guerre générale pour le pacha d'Égypte, dont on appréciera les conséquences, on abandonnera ces petites querelles; on songera au salut du pays; chacun pensera à sa position sociale, à sa famille et à sa conservation.

J'ai une profonde conviction qu'il se formera une majorité compacte, avec laquelle il sera facile de composer un ministère de stabilité.

Un ministère nouveau pourrait traiter sur de nouvelles bases, et la paix de l'Europe ne serait pas troublée.

Le Roi, qui a déjà sauvé la France de l'anarchie et de la guerre civile, peut encore sauver le pays et l'Europe des horreurs de la guerre.

Le ministère est mourant, son propre poids l'écrase, un souffle de la royauté, et la France conservera la paix.

UN HOMME DU PEUPLE.

FRAGMENTS

D'UNE NOTE POLITIQUE ADRESSÉE AU ROI LE 7 OCTOBRE 1840.

SIRE :

En 1830, Votre Majesté a sauvé la France de l'anarchie et de la guerre civile.

En 1840, Votre Majesté expose la France à l'anarchie, à la guerre civile et de plus, à la guerre étrangère.

Le premier coup de canon affaiblira la royauté, et, un mois après, Votre Majesté ne pourra plus avoir de volonté gouvernementale.

Sire, vos conseillers conduisent la France sur le bord du précipice : dans peu de temps ils se trouveront débordés eux-mêmes.

Les émeutiers se trouvent dans le palais, où ils ont déjà pied.

Une guerre de propagande et de popularité aura des suites funestes.

La politique ministérielle a vu une insulte où il n'y avait qu'un traité ; l'intervention en Espagne, l'affaire d'Ancône et l'affaire du pacha d'Égypte forment une trinité politique : on y voit les mêmes plans, les mêmes pensées et les mêmes vues.

On a été beaucoup trop loin ; ce n'est pas là une guerre nationale.

La grande question est maintenant de pouvoir rétrogader honorablement.

On voulait plus que l'hérédité de l'Égypte pour le pacha ; aujourd'hui on l'accepterait avec joie ; dans huit à quinze jours, on s'en contenterait encore à moins ; dans un mois, on ne saurait ou donner de la tête. Les rues, les théâtres et les journaux gouverneront la France, si une politique inconnue ne domine pas une politique qui est connue, en guerre, avant une année, Votre Majesté se trouvera dans la même position où se trouve actuellement la reine d'Espagne, avec un Espartero sans épée, moins............

Les circonstances changent la position des hommes et des choses ; la souveraineté du peuple est là, on déclarera la patrie en danger, on parlera d'abdication, on fera revivre le programme, les partis s'agiteront, selon les circonstances, leur presse les soutiendra.

Il naîtra des événements dont on ne peut avoir la moindre prévision.

Sire, vos conseillers assurent à Votre Majesté qu'avec la guerre il n'y aura pas d'émeute ! Sire, on vous trompe, je suis convaincu du contraire; il y en aura davantage : la faiblesse de l'autorité encouragerait tous les agitateurs; la force morale de répression n'existera plus : la guerre est un jeu de dupe pour Votre Majesté : elle met en jeu la couronne de France contre rien.

L'heure d'arriver sur le Rhin n'a pas encore sonné; avant d'y songer, il y a une autre conquête plus importante à faire : c'est la conquête d'une forte majorité dans la Chambre des députés ; c'est là le levier et le point d'appui de l'Archimède constitutionnel.

La France agitée ne peut faire la guerre à toute l'Europe. Au point où en sont les choses, il existe encore mille moyens de s'en tirer honorablement.

La coalition, qui a fait tout le mal, n'existe plus : j'ai la profonde convictionque lorsqu'il s'agira de paix ou de guerre, l'ancienne majorité constitutionnelle juste-milieu se reformera ; mais il n'y a pas de temps à perdre, il faut agir.

C'est dans une majorité consciencieuse de la Chambre des députés que la France trouvera honneur, gloire et la paix.

Le jour d'une déclaration de guerre sera un jour d'allégresse et de fête pour les ennemis de Votre Majesté, au-dedans et au-dehors.

Le jour de la déclaration du maintien de la paix sera, pour les ennemis de Votre Majesté, un jour d'affliction et de deuil.

Les journaux de toutes les couleurs poussent à la guerre, jusqu'au grave *Journal des Débats*, qui a été entraîné.

La conversion du *Constitutionnel* et du *Courrier Français* a été fatale à la France. N'est-il pas dangereux de suivre les conseils des ennemis politiques du gouvernement conservateur. La réunion des Chambres exigera une grande surveillance ; les exaltés assiégeront la Chambre, ils redoubleront d'exigences ; on veut, par une manifestation guerrière, effrayer la Chambre des députés.

Les circonstances sont graves ; elles exigent de l'énergie et une grande fermeté; la plus petite concession encouragerait ceux qui poussent aux émeutes, à la guerre et au désordre.

On a fait une grande faute de céder sur la *Marseillaise;* on ne voit au-dedans et au-dehors, qu'une faiblesse du gouvernement et une concession forcée à la popularité.

UN HOMME DU PEUPLE.

Paris, le 7 octobre 1840.

www.ingramcontent.com/pod-product-compliance
Ingram Content Group UK Ltd.
Pitfield, Milton Keynes, MK11 3LW, UK
UKHW022045190726
13855UKWH00002B/416